TANTRISCHE LIEBE FÜR EINSTEIGER

Wie Sie mit der Tantra-Lehre zu mehr Erfüllung und
Sinnlichkeit in Ihrer intimen Beziehung kommen

JORDAN EVERT

INHALTSVERZEICHNIS

EINFÜHRUNG

Jeder sexuell aktive Erwachsene hat schon einmal sexuelle Lust erlebt, aber warum geben sich so viele von uns mit einer so eindimensionalen Erfahrung zufrieden? Der körperliche Aspekt von Sex ist vielleicht am einfachsten zu befriedigen, aber er ist sicherlich nicht der bereicherndste – und viele würden behaupten, dass er nicht einmal der angenehmste ist. Wenn der Geschlechtsverkehr rein körperlich ist, ist die Wahrscheinlichkeit größer, dass er zu einer glanzlosen Erfahrung führt, die beide Parteien enttäuscht zurücklässt. Ein typischer Gedanke könnte sein: „Ich dachte, zwischen uns wäre etwas, aber ich habe einfach keinen Funken gespürt, als wir miteinander geschlafen haben." Vielleicht haben Sie sogar das Gefühl, dass der Akt überstürzt oder dass die Lust zu flüchtig war. Oder das Gefühl, dass es sich zwar gut *angefühlt* hat, aber einfach nicht vollständig war – als ob etwas gefehlt hätte.

Wenn tantrische Praktiken ins Spiel gebracht werden, verändert das die Art und Weise, wie wir uns selbst, unsere Körper und die Menschen, denen wir begegnen, betrachten. Es bringt mehr Nuancen in jede Erfahrung und vermittelt ein Gefühl der Freude, das viel reichhaltiger und aufregender ist. Eine der Kernlehren des Tantra betont die Verbundenheit aller Wesen, und diese Betrachtungsweise verändert die Art, wie wir sexuelle Handlungen angehen, zum Positiven. Wir sind nicht mehr nur auf der körperlichen Ebene involviert, sondern auch auf einer emotionalen und spirituellen Ebene. Sex entwickelt sich von sofortiger und vorübergehender Befriedigung zu einer zutiefst vergnüglichen Erfahrung, die Sie euphorisch und ekstatisch macht und bewirkt, dass Sie sich langfristig vollkommen fühlen.

Für alle, die mit mir gearbeitet haben, gelte ich weithin als Meister des Tantra. Wie Sie wahrscheinlich schon erraten haben, ist mein Spezialgebiet der tantrische Sex – insbesondere, wenn es darum geht, anderen zu helfen, in ihnen schlummernde sexuelle Energien mit Tantra als leitender Kraft zu erwecken. Seit mehr als einem Jahrzehnt gehe ich das Leben aus einer tantrischen Perspektive an und habe viele der seelisch bereichernden Vorteile persönlich erfahren. Ich habe sowohl mit fortgeschrittenen Tantra-Schülern als auch mit kompletten Anfängern gearbeitet und mein hart erarbeitetes Wissen auf alle Arten von Fähigkeiten, Persönlichkeiten und Beziehungen zugeschnitten. Ich habe aus erster Hand gesehen, dass Tantra absolut jeden positiv beeinflussen kann. Es braucht nur ein gewisses Maß an Offenheit, den Wunsch, sich weiterzuentwickeln, und natürlich Engagement.

Mit meiner Hilfe werden Sie die Lektionen des Tantra vollständig verstehen. Sie lernen die grundlegenden Philosophien kennen und erhalten alle wesentlichen Mittel, die Sie brauchen, um zu einer selbstbewussteren Geisteshaltung zu gelangen, die zutiefst auf die Kräfte von Sex und Sinnlichkeit eingestimmt ist. Sie werden geschickt darin werden, langweilige oder glanzlose sexuelle Begegnungen in unvergessliche Nächte der totalen Ekstase zu verwandeln. Und was noch besser ist: Sie werden wissen, wie Sie dies mit jedem tun können, von der umwerfenden Person an der Bar bis zu Ihrem langjährigen Ehepartner. Sie und Ihr Sexualpartner werden sich von dem Bedürfnis befreien, einfach nur „abzuspritzen", und etwas viel Tieferes, Erfüllenderes erlangen – eine Befriedigung, die Sie vollständig ausfüllt und die auch am Morgen noch anhält.

Bis heute danken mir die Menschen, die ich geschult habe, dafür, dass ich ihr Sexleben bereichert und ihnen geholfen habe, die Tür zu neuen Bereichen der Lust zu öffnen. Selbst ehemalige Skeptiker haben zugegeben, dass meine Lehren ihre Beziehung zu Lust und Selbstbefriedigung tiefgreifend verändert haben. Mithilfe meiner Techniken ist Sex zu einer erweiterten Erfahrung geworden. Und das Beste daran? Es ist nicht länger etwas, das sie *versuchen* müssen; großartiger Sex kommt mit einem willigen Partner einfach von selbst, weil Sie die kraftvollen Grundlagen bereits verinnerlicht haben. Eine meiner Schülerinnen beschrieb ihre Einführung in Tantra „wie die Erkenntnis, dass es da die ganze Zeit über eine offene Tür gab, während ich versucht hatte, eine Mauer einzureißen und dabei gescheitert war." Sie kennen diese Mauer auch, nicht wahr?

Mit meiner Hilfe werden Sie Ihren Weg hinter diese scheinbar undurchdringliche Mauer finden. Sex wird sich nicht mehr sinnlos, leer und nur vorübergehend befriedigend anfühlen. Sie werden nach dem Sex nicht mehr still daliegen, sich geschlagen und enttäuscht fühlen und sich fragen, warum. Sie werden echte Verbindungen zu den Menschen aufbauen, mit denen Sie schlafen, und wenn Sie nach dem Akt aus dem Bett rollen, wird es sich anfühlen, als wäre Ihr Geist durch die Kraft des Tantra entflammt worden.

Das einzige Bedauern, das meine Schüler haben, ist, dass sie nicht früher in ihrem Leben nach Tantra gesucht haben. Sie beklagen verpasste Gelegenheiten für unglaubliche sexuelle Verbindungen und fragen sich, wie anders ihr bisheriges Leben verlaufen wäre, wenn sie sich die tantrische Kraft früher zunutze gemacht hätten. Das ist der Grund, warum ich Neulinge immer dazu dränge, sich so früh wie möglich auf Tantra einzulassen. Wenn Sie Tantra in Ihr Leben lassen, wird es Ihnen in allen Lebensbereichen Segen bringen – es verbessert Ihre Beziehungen, stärkt Ihren Geisteszustand, verstärkt Ihre Verbindung zur Welt um Sie herum und bringt Ihnen natürlich eine Fülle von umwerfendem Sex.

Unsere Seele ist immer auf der Suche nach Wegen, um Verbindungen herzustellen, und das ist der Grund, warum sich der menschliche Geist so zu diesen Lehren hingezogen fühlt. Wenn Ihr Interesse geweckt ist, dann deshalb, weil Sie Tantra als das Tor erkennen, das es ist. Auf der anderen Seite finden Sie Ihr neues Ich: einen ruhigen und verbundenen Geist, einen niedrigeren Stresspegel, einen besseren Liebhaber, einen nahezu konstanten Zustand der Ekstase im Bett, intensivere Orgasmen und den Schlüssel zu einer großen Bandbreite an unentdeckten sexuellen Fähigkeiten.

Wenn Sie diese Version von sich selbst gerne kennenlernen würden, dann ist es Zeit, mit der nächsten Seite fortzufahren. Ihr Glück wartet auf Sie.

KAPITEL 1:
Tantrische Grundlagen

Die Wahrheit ist: Wenn Menschen in der heutigen Zeit das Wort „Tantra" hören, denken sie sofort und *ausschließlich* an Sex. Das Bild von verschwitzten Körpern, die sich in einem fast tranceartigen Zustand in einem dampfenden Raum befinden, kommt ihnen in den Sinn. Stimmt dieses Bild? Nun, irgendwie schon – aber es ist nicht vollständig. Wenn Tantra ein Buch ist, dann ist tantrischer Sex darin nur ein Kapitel. Ein fesselndes und zutiefst erregendes Kapitel, sicher, aber dennoch nur ein kleiner Abschnitt eines uralten und komplexen Textes.

Historisch gesehen war tantrischer Sex Teil einer langen Reihe von alten Praktiken. Tatsächlich wurde er erst in der Neuzeit als eigenständige verlockende Methode präsentiert anstatt als ein Teil von Tantra als weitaus umfangreicheres Konzept. Viele Menschen benutzen „tantrischen Sex" fälschlicherweise als Synonym für einfach nur „guten Sex", ohne die alten und heiligen Traditionen, die Tausende von Jahren zurückreichen, überhaupt zu erwähnen. Das tatsächliche Tantra ist viel lebendiger und komplexer.

Viele Tantra-Praktizierende glauben, dass es unerlässlich ist, die Grundlagen des Tantra zu beherrschen, bevor man sich dem tantrischen Sex widmet – aber meine Erfahrung hat mir gezeigt, dass das nicht notwendig ist. Jeder Mensch hat seinen eigenen, einzigartigen Zugang zu Tantra und es steht keinem anderen zu, zu entscheiden, welcher das ist. Aber wenn Sie entdecken, dass tantrischer Sex Ihre Seele so bereichert, wie es sein sollte, dann empfehle ich Ihnen dringend, sich in die höchst transformativen Praktiken zu vertiefen, die sich auf die Kraft des Selbst konzentrieren. Es gibt so viele Möglichkeiten, wie Tantra das eigene Leben bereichern kann; erkunden Sie sie wie eine Schatzkarte, die zu unvorstellbaren Reichtümern führt.

Aber bis Sie dazu bereit sind, lassen Sie uns einige grundlegende Dinge besprechen. Diese brauchen Sie auf Ihrem Weg zu unglaublichem Sex und den besten Orgasmen, die Sie je hatten.

Was ist Tantra?

Eine wesentliche Frage, bevor wir weitermachen! Es gibt viele verschiedene Arten von Tantra und die tantrische Philosophie wird sich leicht unterscheiden, je nachdem, wen Sie danach befragen. Bis vor hundert Jahren war die wahre Bedeutung des Tantra ein Mysterium, da seine Lehren nur mündlich weitergegeben wurden, nur aus dem Mund von Lehrern an die Ohren von engagierten Schülern drangen. Die bekannteste Strömung des Tantra ist diejenige, die zur hinduistischen Religion gehört. Wenn Sie von tantrischen Praktiken hören, besonders wenn sich diese auf Yoga beziehen, ist es diese Art von Tantra, um die es geht.

Tantra variiert sogar mit jedem Zweig und jeder Schule, mit denen Sie sich beschäftigen. Zum Beispiel beinhalten die Shakti- und Shiva-Traditionen im Allgemeinen mehr Rituale und die Verehrung von Gottheiten, während die Sri-Vidya-Tradition überhaupt keine Anbetung beinhaltet. Stattdessen umfasst diese mehr Atemtechniken, Meditation und Arbeit in Bezug auf die menschliche Intimität.

Tantra umfasst weit mehr als nur eine sexuelle Erfahrung. Treffender wäre sogar zu sagen, dass Tantra eine Philosophie und eine Lebenseinstellung ist – aber selbst mit dieser Vorstellung wären viele Tantra-Meister nicht einverstanden. Diejenigen, die ihr Leben dem Studium gewidmet haben, behaupten, dass die wahre Essenz von Tantra nicht in Worten beschrieben werden kann, sondern gefühlt werden muss. Im Kern lehrt Tantra den Einzelnen, schlummernde Energien in Seele und Körper zu erwecken und freizusetzen, unseren Geist von Beschränkungen zu befreien und unser Bewusstsein für uns selbst und die Welt um uns herum zu erweitern. Es fordert uns auf, über unsere Grenzen hinauszugehen und die Schönheit der großen Seele jenseits dieser Grenzen zu entdecken. Das Ziel im Tantra ist es, grenzenlos und von Liebe erfüllt zu sein. Und allen Wesen bei der Erkenntnis zu helfen, dass alles im Universum heilig ist.

Ein Leitfaden für die Chakren

Wenn Sie dachten, dass sich tantrischer Sex nur auf physische Körperteile konzentriert, dann haben Sie sich schwer getäuscht. Tantrische Praktiken beleuchten die Energiezentren des Körpers. Diese wirbelnden Quellen der Energie werden *Chakren* genannt und sie spielen eine wichtige Rolle bei der Verbindung des Gefäßes (der Körper) mit der Seele, die es bewohnt. Für eine tantrische Ganzkörpererfahrung ist es wichtig, dass Sie jedes Chakra verstehen und die Rolle, die es für Ihr allgemeines Wohlbefinden spielt.

Traditionelles Tantra besagt, dass es über hundert Chakren im Körper gibt – aber nur sieben davon sind wichtige Kraftzentren. Bis Sie eine fortgeschrittene Stufe des Tantra erreicht haben, ist es sehr ratsam, sich nur auf die sieben Hauptchakren zu konzentrieren.

Der Übersichtlichkeit halber beginnen wir mit dem Chakra am tiefsten Punkt Ihres Körpers und arbeiten uns dann nach oben.

Das Wurzel-Chakra

Das Wurzel-Chakra befindet sich an der Basis der Wirbelsäule und wird mit dem Gefühl von Sicherheit, Geborgenheit und Erdverbundenheit in Verbindung gebracht. Es ist eines der wichtigsten Chakren, da es die Grundlage für unser gesamtes Leben und viele der anderen Chakren bildet. Wenn es blockiert ist, kann es dazu führen, dass sich eine Person unsicher und unruhig fühlt und so, als ob ihr der Boden unter den Füßen weggezogen wird.

Das Sakral-Chakra

Viele Menschen betrachten das Sakral-Chakra als das sexuelle Zentrum des gesamten Körpers. Das ist teilweise wahr, da es die sinnlichen Wünsche, den sexuellen Ausdruck und die Beziehungen regelt. Geleitet von körperlicher und emotionaler Lust, wird das Sakral-Chakra üblicherweise im Unterbauch dargestellt, etwa drei Zentimeter unterhalb des Nabels. Meister des Tantra wissen jedoch, dass die genaue Lage dieses Chakras je nach Geschlecht des betreffenden Körpers variiert. Im weiblichen Körper kann das Sakral-Chakra im Bereich der Eierstöcke gefunden werden, während sich dieses Energiezentrum beim männlichen Körper in den Hoden befindet.

Wenn dieses Chakra blockiert ist, kommt es zu Sexbesessenheit, einer Neigung zu Gefühlsausbrüchen oder zu einer Abkopplung von Ihren wahren Gefühlen.

Das Solarplexus-Chakra

Dieses dynamische Energiezentrum regelt die persönliche Macht, die Willensstärke und die Art und Weise, wie wir uns gegenüber der Welt um uns herum behaupten. Viele bezeichnen es als das „Power-Chakra". Dieses Energiezentrum sitzt im unteren Teil der Brust, ein paar Zentimeter unterhalb des Brustbeins. Ein blockiertes Solarplexus-Chakra äußert sich in mangelndem Selbstvertrauen, übermäßigem Gegrübel bezüglich der Meinung anderer und einem unerschütterlichen Gefühl der Machtlosigkeit.

Das Herz-Chakra

Hinter dem Brustbein und zwischen den Schulterblättern strotzt das Herz-Chakra vor Liebe, Mitgefühl und Aufrichtigkeit. Dieses Energiezentrum regiert unsere Fähigkeit, Liebe zu geben und zu empfangen – andere und uns selbst zu lieben. Sie werden feststellen, dass dieses Chakra in vielen tantrischen Praktiken eine herausragende Rolle spielt, da Liebe und Mitgefühl dem Tantra als Treibstoff dienen.

Wenn das Herz-Chakra blockiert ist, wird die betroffene Person übermäßig kritisch und voreingenommen gegenüber anderen, isoliert sich selbst und fühlt sich der Liebe zutiefst unwürdig.

Das Hals-Chakra

Wie Sie wahrscheinlich erraten können, ist das Hals-Chakra das Kraftzentrum für Ihre Stimme. Die Art und Weise, wie wir uns durch Gedanken, Sprache und Schrift ausdrücken, wurzelt in diesem Punkt unseres Körpers. Die Gesundheit Ihres Hals-Chakras hängt davon ab, wie ehrlich und offen Sie sind und ob Sie Ihre Gefühle auf gesunde Weise verbal ausdrücken können. Dieses Chakra befindet sich zwischen den Schlüsselbeinen, am Halsansatz. Wenn das Hals-Chakra blockiert ist, können Notlügen und Unwahrheiten die Folge sein, aber auch Ausweichverhalten oder die Unfähigkeit, seine Meinung zu äußern.

Das Stirn-Chakra

In der Mitte der Stirn, über Ihren beiden physischen Augen, sitzt das Stirn-Chakra, auch bekannt als das dritte Auge. In schamanischen Praktiken ist dieses Chakra von größter Bedeutung und dient als Kanal für übersinnliche Fähigkeiten und höhere Intuition. Dieses Energiezentrum ist extrem empfänglich und neigt, wie der Name schon sagt, dazu, das zu sehen, was normalerweise verborgen bleibt. Es hilft uns, zwischen Täuschung und Realität zu unterscheiden und ungesunde Anhaftungen an die materielle Welt zu verhindern. Wenn es blockiert ist oder aus dem Gleichgewicht kommt, kann eine Person egoistisch, materialistisch und oberflächlich werden, oder sie kann ins entgegengesetzte Extrem verfallen und kleinlaut oder furchtbar ängstlich werden.

Das Kronen-Chakra

Jede Seele hat Zugang zu göttlichen Energien und diese transzendente Kraft kommt durch das Kronen-Chakra. Dieses Chakra, das den Kopf an der Spitze des Schädels krönt, zieht die Weisheit aus dem Universum in den Körper. Es repräsentiert die Spiritualität einer Person, das Gefühl der Erleuchtung und die Verbindung, die sie zu höheren Kräften hat. Ein blockiertes Kronen-Chakra kann für den

Betroffenen eine Welt voller Bedrängnis verursachen und tiefgreifende Frustration, Depression und destruktive Neigungen oder Gefühle hervorrufen.

Die vier Farben des Tantra

Tantra trägt viele Gesichter und diese werden oft nach Farben kategorisiert. Die meisten Menschen sind sich des Roten Tantra bewusst, aber viel weniger ist über Weißes und Schwarzes Tantra bekannt. Bleiben Sie offen und Sie werden vielleicht feststellen, dass die Praxis, die Sie anspricht, nicht das ist, was Sie erwartet haben.

Weißes Tantra

Dieser Bereich des Tantra dreht sich um das Selbst und gilt in vielerlei Hinsicht als die reinste Form. Weiße Tantra-Praktiken sind dafür gedacht, einzeln durchgeführt zu werden, da die Lektionen rein psychisch und mental sind, mit einem größeren Fokus darauf, eins mit höheren Kräften und der Lust selbst zu werden. Viele Menschen betrachten es als die grundlegende Form des Tantra und sind der Meinung, dass die Vorteile aller anderen Farben nicht vollständig erfahren werden können, wenn diese elementare Stufe nicht absolviert wurde. Weißes Tantra trägt seinen Namen zurecht, weil es den Einzelnen auffordert, seine Seele zu reinigen und sich wirklich für die Lektionen des Tantra zu öffnen.

Schwarzes Tantra

Ein anderer Begriff für Schwarzes Tantra ist Dunkles Tantra und dieses arbeitet stark mit schweren, unterdrückten Begierden. Für manche kann dies unglaublich befreiend sein, andere führt es in ein dunkles Loch, das am besten nicht bereist wird. Diese Praktiken experimentieren gerne mit sexuellen Tabus, erotischen Fantasien und anderen unterbewussten oder unbewussten Wünschen. Wenn es mit Achtsamkeit ausgeführt wird, kann Schwarzes Tantra ein tiefes Gefühl von Nähe und Intimität zwischen den Partnern fördern (insofern diese der Praktik zugestimmt haben), aber es erfordert immense Weisheit und Selbsterkenntnis, um diesen Nutzen daraus ziehen zu können. Im Idealfall erlaubt es Menschen, einen sonst verschlossenen Teil von sich selbst zu befreien und mit ihm zu experimentieren – indem sie Lust an dieser Befreiung empfinden und im Gegenzug jemand anderem Lust bereiten. Dabei muss jedoch besonders sorgfältig darauf geachtet werden, dass keine Grenzen überschritten werden und dass beide Partner voll und ganz bereit sind für das, was sie sich vornehmen.

Rosa Tantra

Das emotionszentrierte Herz-Chakra ist der Schwerpunkt des Rosa Tantra. Es kanalisiert die Energie auf eine spielerische, unschuldige Weise. Die Arbeit, die sich um dieses Chakra dreht, kann sowohl eine alleinige Reise sein als auch eine, die mit einem Partner angetreten wird. Rosa Tantra-Praktiken sind eher sinnlich als sexuell und konzentrieren sich auf reine, sanfte und frei fließende Empfindungen. Massagen und Berührungen werden hier eingesetzt, führen aber nicht zu irgendeiner Art von sexueller Stimulation. In vielen Fällen kann Rosa Tantra Menschen auch dabei unterstützen, negative Gefühle oder vergangene Verletzungen zu verarbeiten, indem es ihnen hilft, in einen unschuldigen, kindlichen Zustand zurückzukehren. Indem das Herz-Chakra wieder geöffnet wird, können die emotionalen Narben früherer Traumata geheilt und hinter sich gelassen werden.

Rotes Tantra

Die meisten Menschen, die an Tantra denken, sind sich nur dieses Roten Tantra bewusst. Diejenigen, die sich mit Rotem Tantra beschäftigen, nutzen Achtsamkeit, um mit sexueller Energie und Erregung zu arbeiten und göttliche sexuelle Erfahrungen zu schaffen. Der Orgasmus, insbesondere das Zurückhalten desselben, dient als Mittel, um den Sexualpartner zu ehren und die Fähigkeit, präsent zu bleiben, zu vertiefen. Bei diesen Praktiken wird die Energie oft durch die unteren Chakren des Körpers nach oben gezogen und durch die höheren Chakren ausgeübt.

Die kraftvollen Lehren des tantrischen Sex

Wir sind Schwingungen von Energie, keine soliden menschlichen Wesen. Unsere Körper mögen sich fest anfühlen, aber unter jeder Berührung, jedem Blick oder jedem Wort, das wir sprechen, existiert ein ganzes Reich von Absichten, Emotionen und Gedanken, die andere nicht sehen können. All diese Faktoren erzeugen unterschiedliche Energieströme, die wiederum verschiedene Schwingungen aussenden. Wenn Sie Emotionen wie Angst oder Freude empfinden, verändert dies die Schwingung, die Sie in die Welt hinausschicken. Menschen neigen dazu, zu denken, dass sie abgeschlossene Gefäße mit komplett im Inneren eingeschlossenen Gedanken und Gefühlen sind. Tantra verkündet, dass dies überhaupt nicht wahr ist – alles, was Sie denken und fühlen, schwingt in Ihnen und in Ihre Umgebung.

Alle Interaktionen beinhalten einen Austausch von Energie. Ob sexuell oder ganz platonisch, jede einzelne menschliche Interaktion erzeugt einen Zu- oder Abfluss von Energie. Mit anderen Worten: Energie wird entweder gegeben oder empfangen. Die Feststellung, wer gibt und wer empfängt, ist nicht einfach zu treffen. Wir können jemandem unsere Energie geben, auch wenn wir still sind. Zum Beispiel, wenn wir jemandem beim Sprechen zuhören und eine Atmosphäre des liebevollen Mitgefühls schaffen.

Die ideale Interaktion hat ein Gleichgewicht von gebender und empfangender Energie. Und es braucht normalerweise viel Achtsamkeit, um dieses Gleichgewicht zu erreichen. Es ist gegeben, wenn keine der beiden Parteien ein Gefühl des Gebens oder Empfangens empfindet. Keiner ist emotional erschöpft und beide Personen verlassen die Situation mit dem Gefühl, in irgendeiner Weise bereichert worden zu sein. In dieser idealen Interaktion befindet sich die Energie in einem perfekten Fluss, der sich auf harmonische Weise hin- und herbewegt. Das ist genau das, was Tantra anstrebt.

Empfangen ist kein passiver Akt. Ein großes Missverständnis ist, dass der Akt des Empfangens kein aktiver Akt ist. Diejenigen, die mit tantrischer Energie arbeiten, wissen sehr gut, dass dies überhaupt nicht stimmt. Beim Empfangen geht es nicht darum, einfach dazuliegen und zu „bekommen". Wahres Empfangen erfordert, dass der Empfangende sich für die Energie öffnet, die ihm gegeben wird, dass er allen Widerstand aufgibt und sein ganzes Wesen der Erfahrung überlässt.

Sexuelle Energie kann Sie in einen höheren Bewusstseinszustand versetzen. Dies bildet das Gegenteil vieler religiöser Ansichten, in denen Sex als ein niederer Instinkt und ein animalisches Bedürfnis gesehen wird. Tantra ist mit dieser Vorstellung ganz und gar nicht einverstanden. Stattdessen glaubt man im tantrischen Sex, dass sexuelle Energie nutzbar gemacht werden kann, um einen göttlichen

Seinszustand zu erreichen. Indem der Mensch mit lustvollen Empfindungen und der Kraft des Orgasmus experimentiert, erhält er Zugang zu einem fast gottähnlichen Gefühl des Einsseins. Daher ist tantrischer Sex kein schmutziger Akt, sondern eines der reinsten Dinge, die es gibt.

Alles im Universum ist heilig. Dies ist eine der wichtigeren Lehren des Tantra, in der jede Person und jeder Moment eine tiefere Bedeutung hat, die darauf wartet, entschlüsselt zu werden. Alles, was geschieht, ist beabsichtigt und Teil einer größeren Geschichte. Beim tantrischen Sex bedeutet das, dass die Sexualpartner nicht nur zwei Menschen sind, die zusammenkommen, sondern zwei völlig unterschiedliche Welten oder Archetypen, die wie göttliche Kräfte zusammenfinden. Wenn wir den Körper einer anderen Person berühren, kommt unsere Haut nicht nur mit ihrer Haut in Kontakt, wir erlauben damit auch den Zugang zu unserer eigenen persönlichen Welt. Wir erlauben einer anderen Seele, die unsere zu berühren. Tantrischer Sex ist darauf bedacht, diese Interaktion als den heiligen Austausch zu behandeln, der sie wirklich ist.

Zehn unglaubliche Vorteile von tantrischem Sex

Es gibt viele bekannte Vorteile von tantrischem Sex, aber es ist unmöglich, eine vollständige Liste zu erstellen. Warum? Weil tantrischer Sex Barrieren aufbricht und jeder Mensch seine eigenen, einzigartigen Barrieren hat. Es gibt so viele Vorteile von tantrischem Sex, wie es Menschen auf der Welt gibt. Die unten aufgeführten Vorteile sind nur ein Beispiel für das, was Sie erwarten können – aber Sie müssen in Tantra vollständig eintauchen, um wirklich das Ausmaß seiner Macht zu entdecken.

1. Ein höheres Lustempfinden

Umfragen haben ergeben, dass diejenigen, die tantrischen Sex praktizierten, mehr Lust beim Geschlechtsverkehr empfanden. Die Empfindungen wurden vertieft und intensiviert, was insgesamt eine viel höhere Fähigkeit zur Lust erzeugte. Einiges davon mag mit der gesteigerten Wahrnehmung zu tun haben, die Tantra dem Geist einflößt. Es wird mehr Lust erzeugt, aber der Körper wird auch empfindlicher dafür und verdoppelt die Kraft jedes Streichelns und Reibens.

2. Ein niedrigeres Stresslevel

Tantrischer Sex senkt das Stressniveau während des sexuellen Aktes selbst, aber auch für den Alltag jenseits des Sex. Aufgrund der erhöhten Verbindung, die Tantra mit sich bringt, ist der menschliche Geist sofort präsenter und daher weniger geneigt, sich während des Sexes mit Sorgen oder Ängsten zu beschäftigen. Da Sie einer Erfahrung erlauben, Ihr ganzes Wesen auszufüllen und dessen spirituelle Ausdehnung auszulösen, gibt es einfach nicht genug Raum für stressige Gedanken. Da Tantra in erster Linie eine Lebenseinstellung ist, werden diese neu gefundenen Gewohnheiten und verbesserten emotionalen Grundlagen auch im Alltag Wurzeln schlagen. In gewissem Sinne wird die eigene Psyche neu verdrahtet und bildet die Gewohnheit, Verbindung und Ausdehnung vor allem anderen zu suchen.

3. Bessere Beziehungen

Diejenigen, die sich auf tantrischen Sex einlassen, neigen dazu, eine stärkere Verbindung zu ihrem Partner auszubilden – das deutliche Gefühl, sich näher zu sein, als man es vorher war. Da tantrischer Sex eine

Haltung des Respekts und der Ehre gegenüber dem Partner erfordert, sorgt diese in Beziehungen für ein positives neues Muster. Meistens stellen die Partner fest, dass die Lektionen und Übungen, die sie im Schlafzimmer lernen, sie auch etwas über das Leben außerhalb des Schlafzimmers lehren. Diese Vorteile beschränken sich auch nicht nur auf romantische oder sexuelle Beziehungen. Die neuen, liebevollen Gewohnheiten werden auch positive Veränderungen in Ihren Freundschaften und familiären Beziehungen bewirken!

4. Loslösung von sexueller Verdrängung oder Scham

Wenn Tantra in das Sexualleben integriert wird, wird der Geschlechtsverkehr weit mehr als nur ein körperlicher Akt; er wird auch höchst spirituell. Indem wir im gegenwärtigen Moment bleiben und ein höheres Selbstgefühl aktivieren, überwindet der Sexualakt die Scham. Im Tantra wird allgemein angenommen, dass wir alle Gefäße und Kanäle für göttliche Energie sind. Indem wir diese kosmische Quelle erkennen und uns wieder mit ihr verbinden, können diejenigen, die sexuelle Scham in sich tragen, endlich etwas Erleichterung finden.

5. Verbesserte Kommunikation in Beziehungen

Partner, die sich auf tantrischen Sex einlassen, fühlen sich auf lange Sicht viel wohler dabei, dem anderen gegenüber ihre Bedürfnisse und Wünsche auszudrücken. Das mag an der Tatsache liegen, dass Tantra mehr aufrichtige und mitfühlende Kommunikation erfordert, um eine vollständig bereichernde Erfahrung zu sein. Paare, die sich auf diese Reise begeben, sind in der Lage, diese sehr hilfreichen Gewohnheiten im Schlafzimmer zu praktizieren und sie auch über ihr Liebesleben hinaus zu nutzen. Tantra bricht zudem die Barrieren auf, die Partner davon abhalten, ihre wahren Gedanken und Gefühle überhaupt erst auszudrücken. Wenn wir mit unserem Geliebten in die Tiefe gehen, beweisen wir, dass er uns vertrauen kann und sich bei uns sicher fühlt. Dies ist entscheidend für eine positive und fortschrittliche Kommunikation in Beziehungen.

6. Eine bereichernde sexuelle Erfahrung

Die meisten Menschen, die Sex haben, haben nur eines im Sinn: einen Orgasmus zu haben. Im Höhepunkt der Erfahrung wird der ganze Sinn des Sexes gesehen und natürlich handelt es sich hierbei um eine sehr problematische Sichtweise. Tantrischer Sex kann den Blick dafür öffnen, wie bereichernd die Erfahrung als Ganzes sein kann – nicht nur, damit der Orgasmus besser wird, sondern damit jeder Moment im Rausch der Leidenschaft genauso lohnend ist wie der Höhepunkt. Menschen, die aus einer tantrischen Perspektive arbeiten, vergessen ihren Höhepunkt völlig (bis er passiert – ein paar Mal!) und verlieren sich stattdessen in der Ekstase der gesamten Erfahrung.

7. Die Fähigkeit, mehrere oder intensivere Orgasmen zu haben

Orgasmen sind nie der wichtigste Teil beim Sex, aber dennoch ist ein intensiverer Orgasmus oder multiple Orgasmen (für Männer) für viele Menschen eine verlockende Aussicht. Tantrischer Sex birgt viele fachkundige Techniken, um die Fähigkeit des Körpers, mehr Lust zu empfinden, freizusetzen. Diese Techniken sind tief in der tantrischen Philosophie verwurzelt, die den Geist befreit und den Körper als heiliges Gefäß erforscht. Mit etwas Übung werden Sie feststellen, dass Ihnen intensive Orgasmen viel natürlicher fallen.

8. Die Heilung der vorzeitigen Ejakulation

Es wäre zutreffend zu sagen, dass Tantra mehr Beherrschung über den Körper ermöglicht. Indem man sich auf etwas Tieferes und Mächtigeres als die körperliche Befriedigung einlässt, ist der Körper in der Lage, aus seinen unglücklichen Mustern auszubrechen. Die vorzeitige Ejakulation ist einer der vielen Zustände, die durch kontinuierliche Praxis tantrischer Übungen geheilt werden können.

9. Es wird leichter, im täglichen Leben präsent zu bleiben

Eine der wichtigsten Lektionen des Tantra ist es, jederzeit voll engagiert zu bleiben. Um dies richtig zu tun, muss man aufhören, sich auf die Endphase oder das endgültige Ziel zu fokussieren. Das gilt ganz besonders für den Geschlechtsverkehr, bei dem sich ein überstürztes Vorgehen für niemanden gut anfühlt, aber auch für jede andere Art von Reise im täglichen Leben. Wenn Sie versuchen, Gewicht zu verlieren, lehrt Tantra Sie, sich nicht mehr mit dem Gewicht zu beschäftigen, das Sie schlussendlich auf der Waage sehen, sondern jeden Tag zu genießen und sich darüber zu freuen, dass Sie neue, gesunde Mahlzeiten für sich entdecken. Dies führt zu verbesserten Ergebnissen und, was am wichtigsten ist, zu mehr Glück.

10. Ein geringeres Maß an Depression

Diejenigen, die Tantra zu einem ernsthaften Teil ihres Lebensstils machen, werden positive Veränderungen in ihrer Stimmung sehen. Warum? Indem Tantra unsere Sichtweise und Herangehensweise an das Leben vertieft, konditioniert Tantra das Gehirn und die Art und Weise, wie wir mit unseren Emotionen umgehen, neu. Indem wir lernen, im gegenwärtigen Moment zu bleiben, beginnt das Gehirn langsam, nicht mehr ständig in die Zukunft zu springen – eine Gewohnheit, die zu Depressionen und Angstzuständen führt. Vergessen wir nicht, dass tantrischer Sex auch die Kanäle für tiefe Intimität und Verbundenheit mit anderen Menschen öffnet; dies reduziert sofort Gefühle von Einsamkeit oder Isoliertheit, die bekanntermaßen zu Depressionen führen. Und wenn wir die Schönheit der Fähigkeiten des Körpers und das Erzeugen von kraftvoller Lust für einen Sexualpartner entdecken, erfährt auch das Selbstwertgefühl einen großen Schub.

Wie Sie Ihren Partner an den tantrischen Sex heranführen

Sie haben das erste Kapitel dieses Buches fast abgeschlossen und sind wahrscheinlich gespannt darauf, mit der Person, mit der Sie intim sind, direkt in den tantrischen Sex einzutauchen. Doch aus dem einen oder anderen Grund sitzt Ihr Partner vielleicht noch nicht im selben Boot. Wenn Ihr Liebhaber tantrischen Praktiken gegenüber misstrauisch ist, keinen hohen Sexualtrieb hat oder einfach nichts über tantrischen Sex weiß, sollten Sie die folgenden Tipps im Hinterkopf behalten, wenn Sie ihn in diese lebensverändernde Erfahrung einführen.

Denken Sie an die Vorteile

Im vorherigen Abschnitt haben Sie alles über die vielen Vorteile von tantrischem Sex erfahren. Behalten Sie diese im Hinterkopf, wenn Sie Ihrem Partner den Vorschlag machen! Und nicht nur das – heben Sie auch die Vorteile hervor, die ihm wahrscheinlich am wichtigsten sind. Auf welche Art und Weise verbessert Tantra ihr Leben als Individuum und Ihr gemeinsames Leben als Paar? Sorgen Sie dafür, dass es mehr um Ihren Partner und weniger um Sie geht, und Sie werden wahrscheinlich eine positive Antwort erhalten.

Hören Sie sich die Sorgen und Vorbehalte Ihres Partners an

Es ist völlig normal, Sorgen und Ängste bezüglich einer neuen Praxis zu haben – wir sind alle nervös gegenüber Dingen, an die wir nicht gewöhnt sind. Wenn Ihr Partner viel zögert, fragen Sie ihn, was er auf dem Herzen hat. Die Chancen stehen gut, dass sich die Sorgen leicht zerstreuen lassen, aber trotzdem ist es wichtig, aufmerksam zuzuhören, wenn er seine Meinung kundtut. Allein dieser Akt zeigt Respekt und Mitgefühl – genau das, was tantrischer Sex fördert! Sie werden nicht nur dafür sorgen, dass sich Ihr Partner wohler fühlt, sondern Sie zeigen auch genau das Verhalten, das Sie für diese kraftvollen sexuellen Erfahrungen brauchen.

Schlagen Sie ein Tantra-Warm-up vor

Wenn Ihr Partner neugierig, aber noch etwas überfordert scheint, lösen Sie sich von der Idee des tantrischen Sex und bringen Sie stattdessen tantrische Aufwärmpraktiken zur Sprache. Sie werden in den folgenden Kapiteln alles darüber erfahren. Schlagen Sie vor, mit diesen Anfängerübungen zu beginnen und zu sehen, wie sie sich später fühlen, nachdem sie die Möglichkeit hatten, sich in eine tantrische Geisteshaltung zu versetzen. Diese Übungen können eine unglaublich beruhigende und erdende Wirkung auf den Körper haben, auch ohne erotische Anspielungen. Gehen Sie es langsam und Schritt für Schritt an, und Ihr Partner wird sich viel eher auf tantrischen Sex vorbereitet fühlen.

Setzen Sie ihn nicht unter Druck!

Was auch immer Sie tun, setzen Sie Ihren Partner nicht unter Druck und machen Sie ihm keine Schuldgefühle – ich kann Ihnen versichern, dass dies keinen günstigen Effekt haben wird! Tantra bringt Menschen in die Tiefe und viele Menschen sind dazu nicht bereit. Druck hilft da nicht weiter und kann sogar Ängste oder Misstrauen erzeugen, wenn Sie am Ende doch tantrischen Sex haben. Tantra erfordert eine liebevolle, vertrauensvolle Verbindung; indem Sie Ihren Partner unter Druck setzen, zeigen Sie nicht, dass Sie diese haben. Gehen Sie sanft vor und seien Sie freundlich. Widerstehen Sie dem Drang, zu manipulieren oder Schuldgefühle zu wecken.

Sie sollten wissen, wann man sich zurückziehen muss

Viele Menschen brauchen nur ein wenig mehr Informationen oder Ermutigung, bevor sie bereit sind, tantrischen Sex auszuprobieren, aber manche Menschen sind einfach überhaupt nicht interessiert. Und für manche kann es ein höchst unangenehmer oder sogar beängstigender Vorschlag sein, für den sie einfach noch nicht bereit sind.

Beobachten Sie und hören Sie auf die Signale, die Ihr Partner Ihnen gibt. Scheint es eine aussichtslose Sache zu sein? Scheint seine Reaktion desto negativer zu werden, je mehr Sie darüber sprechen? Scheint er auf irgendeine Weise getriggert zu werden? Dies sind alles Anzeichen dafür, dass Sie sich zurückhalten sollten. Es gibt viele Gründe, warum ihr Partner auf diese Weise reagieren könnte. Vielleicht gibt es tiefere Probleme in Ihrer Beziehung, an denen Sie zuerst arbeiten müssen, oder vielleicht hat Ihr Partner ein Trauma, von dem er sich noch nicht erholt hat. Machen Sie sich keine Sorgen, es gibt viele tantrische Praktiken, die Sie auch alleine durchführen können! Und wer weiß, vielleicht ändert Ihr Partner ja seine Meinung!

Wie Sie sehen können, geht es bei Tantra nicht nur um sofortige Befriedigung; es geht darum, Ihr gesamtes Leben so zu transformieren, dass es zu jeder Zeit zutiefst befriedigend ist und Sie sich stets verbunden fühlen. Die Reise des Tantra erfordert Selbstreflexion, Bewusstsein und eine Verpflichtung zur göttlichen Liebe. Wenn Sie bereit sind, die Schönheit des Tantra in Ihren persönlichen Raum zu bringen, dann ist es Zeit für das nächste Kapitel.

KAPITEL 2:
In die tantrische Zone kommen

Wenn Sie ein Anfänger sind, reicht es nicht, einfach mit den Fingern zu schnippen. Tantra erfordert eine komplette Umstellung der Denkweise und der Einstellung; eine, die sich, wenn sie erreicht ist, auf Ihr ganzes Leben auswirkt. Bevor Sie jedoch an diesen Punkt gelangen, ist es wichtig, die Grundlage für das zu schaffen, was kommen wird. Um Tantra zu meistern, ist es entscheidend, dass Sie lernen, wie Sie sich selbst in die tantrische Zone bringen. Am Ende dieses Kapitels wird sich der Zugang zu einem tantrischen Zustand wie eine selbstverständliche Gewohnheit anfühlen. Das Ziel ist, nicht mehr einen Schalter umlegen zu müssen, sondern *immer eingeschaltet zu* sein.

Vielleicht stellen Sie sogar fest, dass Sie es vorziehen, sich auf diese kleinen Veränderungen zu konzentrieren, bevor Sie direkt in tantrischen Sex eintauchen – das ist auch völlig in Ordnung! Tatsächlich würden viele Tantra-Praktizierende diesen Ansatz empfehlen. Indem Sie diese Praktiken zu einem Teil Ihres täglichen Rituals machen, schaffen Sie die Voraussetzungen für kraftvolle Erfahrungen, sobald der richtige Zeitpunkt gekommen ist.

Wie Sie die richtige Stimmung für tantrischen Sex schaffen

Beim Einstieg in den tantrischen Sex kann es Anfängern sehr helfen, für die richtige Stimmung und einen heiligen Raum zu sorgen. Da tantrische Praktiken Anfängern vielleicht noch nicht leichtfallen, wird die Atmosphäre des Raumes eine große Rolle dabei spielen, beide Partner in diesen zutiefst spirituellen Zustand der überdeutlichen Wahrnehmung zu versetzen. Befolgen Sie die folgenden Tipps – aber achten Sie auch auf die besonderen Details, die Ihrem Partner gefallen könnten.

1. **Dimmen Sie das Licht.** Wenn Sie Kerzen haben oder es sich leisten können, welche zu kaufen, machen Sie davon Gebrauch. Zünden Sie sie an und positionieren Sie sie an den Seiten des Raums, idealerweise in einem guten Abstand zu dem Ort, an dem der Sex stattfindet. Wenn Sie aus irgendeinem Grund keine Kerzen verwenden können, versuchen Sie, die Beleuchtung mit einem Dimmer oder durch Nutzung einer kleinen Lampe zu verringern. Das Ziel ist es, die Beleuchtung auf Sie und Ihre Stimmung abzustimmen. Das kann vom persönlichen Geschmack abhängen und davon, was Ihr jeweiliges Schlafzimmer zulässt, aber im Wesentlichen sollte das Licht im Raum nicht überwältigend wirken.

2. **Bringen Sie Ordnung in Ihren Raum.** Der Verstand empfindet Unordnung und Durcheinander als sehr ablenkend. Sie sind sich dessen vielleicht nicht bewusst, aber unbewusst reflektieren und reagieren Sie auf den Zustand Ihrer Umgebung; wenn alles unordentlich ist, kann es Ihnen oder Ihrem Partner schwerer fallen, präsent zu bleiben und sich ganz auf die tantrische Praxis einzulassen. Aufräumen ist kraftvoll, weil es auch

Ihre eindeutige Absicht zeigt, einen heiligen Raum zu schaffen. Es sendet eine Botschaft an Ihren Partner, dass Sie es ernst damit meinen, sich auf eine spirituelle und besondere Weise mit ihm zu verbinden. Wenn Ihr Partner diese Botschaft empfängt, ist es sehr wahrscheinlich, dass er oder sie diese Hingabe reproduziert.

3. **Schalten Sie alles aus, was piept, brummt oder klingelt.** Mit anderen Worten: Ziehen Sie den Stecker aus Ihrer Elektronik! Wenn Sie Gefahr laufen, dass ein Gerät Sie mitten im Akt ablenkt, dann tun Sie alles, was nötig ist, um sicherzustellen, dass es Ihre Aufmerksamkeit nicht ablenkt. Für ein möglichst konzentriertes Erlebnis sollten Sie all Ihre elektronischen Geräte in einen separaten Raum stellen oder sie in einer Schublade verstauen. Das mag übertrieben erscheinen, aber Sie wären überrascht, wie viele Telefonsüchtige schon beim bloßen Anblick ihres Telefons unruhig werden!

4. **Experimentieren Sie mit den Sinnen.** Beim Sex muss es nicht nur um Berührung gehen. Für ein wirklich sinnliches Erlebnis müssen auch die anderen Sinne mit einbezogen werden. Wenn Sie Ihren heiligen Raum einrichten, denken Sie darüber nach, wie Sie angenehme Gerüche, Geräusche und Anblicke sowie Berührungen erzeugen können. Sie können sogar Ihren Geschmackssinn ansprechen. Ziehen Sie in Erwägung, Weihrauch oder Duftkerzen zu verbrennen und sanfte Musik laufen zu lassen. Wenn es Sie reizt, bringen Sie ein paar sexy Lebensmittel ins Spiel. Zum Beispiel in Schokolade getauchte Erdbeeren, Schlagsahne, Eiscreme oder irgendeine zuckrige Soße. Wenn es eine bestimmte Süßspeise gibt, die Ihr Partner absolut liebt, überlegen Sie sich, wie Sie diese in Ihr Vorspiel einbauen

können. Viele Menschen stellen sogar fest, dass das Schaffen einer sensorischen Erfahrung, ohne dass sie überhaupt Sex geplant haben, ungewollt dazu führt, dass beide Parteien sinnlich erweckt und daher sexuell erregt werden.

5. **Bringen Sie mehr Weichheit in Ihren heiligen Raum.** Mit anderen Worten: Legen Sie ein paar weiche Kissen, Plüschdecken oder, wenn Sie luxuriöse Texturen lieben, eine Satindecke hinein. Diese weichen Gegenstände können die lustvollen Empfindungen beim Sex verstärken, aber sie machen Ihren Raum auch einladend und signalisieren Ihrem Partner unbewusst, dass er es sich bequem machen, loslassen und sich unterstützt fühlen kann.

6. **Sprechen Sie auf offene, liebevolle und mitfühlende Weise mit Ihrem Partner.** Verführung beginnt nicht erst, wenn Sie versuchen, jemanden auszuziehen; sie liegt in der Atmosphäre um Sie herum und in der Art und Weise, wie Sie mit Ihrem Partner von Anfang an umgehen. Um in die Stimmung für tantrischen Sex zu kommen, sprechen Sie mit Ihrem Partner mit Achtsamkeit, Liebe und Mitgefühl. Vermeiden Sie es, in irgendeiner Weise fordernd, wertend oder kritisch zu sein, da dies Ihren Partner in Bezug auf die kommenden Interaktionen in Alarmbereitschaft versetzen wird. Konzentrieren Sie sich auf eine Sprache, die die Verbindung fördert, die Sie für tantrischen Sex brauchen. Machen Sie Ihrem Partner Komplimente, sorgen Sie dafür, dass er sich wohlfühlt, und wenn Sie Nr. 4 (Experimentieren mit den Sinnen) abgeschlossen haben, zeigen Sie ihm Objekte oder Nahrungsmittel, die seine Sinne erfreuen.

Eine optionale Praxis ist es, Tantra sogar in die Vorbereitung auf den Sex einzubeziehen. Zum Beispiel kann einer oder beide Partner dem anderen ein Bad einlassen. Für eine noch schönere Atmosphäre könnten Sie sich sogar gegenseitig mit Obst oder Schokolade füttern.

Atemübungen zur Erweiterung der tantrischen Achtsamkeit

Der Atem ist ein mächtiges Werkzeug. Er hält uns nicht nur buchstäblich am Leben, sondern bestimmte Atemtechniken können die Art, wie wir uns fühlen, und unseren Geisteszustand verändern. Unser Atem kann uns helfen, Verspannungen zu lösen und, noch besser, er verbindet alle Energien in unseren Chakren.

Die folgenden Atemübungen werden Ihnen sehr dabei helfen, Tantra in Ihr Leben einzubinden. Sie können sie in Momenten der Stille allein, mit Ihrem Partner vor dem Geschlechtsverkehr oder sogar beim Schmusen im Bett vor dem Einschlafen durchführen. Gewöhnen Sie sich an, die Energie in Ihrem Körper zu zentrieren, und machen Sie dies zu einem Teil Ihrer täglichen Routine.

Wenn Sie diese Techniken allein praktizieren, haben Sie die Möglichkeit, sie im traditionellen Schneidersitz oder im Liegen mit gespreizten Beinen und einem weichen Kissen unter dem Becken auszuführen. Letztere Position bietet eine effektive Möglichkeit, die sexuelle Energie des Körpers zu wecken. Um Ihnen richtig einzuheizen, spannen Sie Ihre Beckenmuskeln während des Ein- oder Ausatmens an, um mehr Blut zu Ihren Genitalien zu befördern.

Die 4-7-8-Technik

- Atmen Sie zu Beginn durch den Mund aus, um die Luft aus der Lunge zu lassen.

- Atmen Sie vier Sekunden lang sanft durch die Nase ein.

- Halten Sie sieben Sekunden lang den Atem an.

- Anschließend atmen Sie acht Sekunden lang durch den Mund aus, bis die gesamte Luft entwichen ist.

- Wiederholen Sie diese Übung noch dreimal oder so lange, bis Sie sich völlig von aller körperlichen Anspannung befreit fühlen.

Der energiestimulierende Atem

- Beginnen Sie damit, die Augen zu schließen und Ihre Körpermitte zu entspannen, damit Ihr Bauch nicht eingezogen ist.

- Atmen Sie kräftig und in schneller Folge durch die Nase ein und aus. Zielen Sie darauf ab, pro Sekunde etwa drei Ein- und drei Ausatmungen zu erreichen, oder so nahe daran wie möglich.

- Beim ersten Mal machen Sie dies zehn Sekunden lang. Wenn Sie weiter üben, streben Sie jedes Mal fünf Sekunden länger an, bis Sie auf eine Minute kommen. Alternativ können Sie auch 27 Atemzüge anstreben, egal wie viel Zeit Sie dafür benötigen.

- Atmen Sie beim letzten Atemzug so viel Luft wie möglich ein. Wenn Sie die maximale Kapazität erreicht haben, halten Sie diesen Atemzug an und entspannen Sie Ihren Bauch.

- Stellen Sie sich beim Ausatmen vor, dass Licht aus Ihrem Herz-Chakra strömt und sich durch Ihren ganzen Körper nach außen ausbreitet. Visualisieren Sie diese Ausdehnung des Lichts, bis es über die Begrenzungen Ihres Körpers hinauswächst und Sie einhüllt.

Der Meeresatem

- Entspannen Sie sich und lockern Sie Ihren Kiefer, sodass sich Ihr Mund auf natürliche Weise öffnet.

- Atmen Sie durch den Mund ein und aus, sodass sich Ihr Brustkorb bei jedem Ein- und Ausatmen ausdehnt und zusammenzieht. Wenn Sie mögen, stellen Sie sich vor, dass Ihr Körper wie ein Ozean ist. Stellen Sie sich vor, dass sich die Wellen mit jedem Einatmen heben und mit jedem Ausatmen senken.

- Stellen Sie sich jeden Atemzug als Licht vor, das bei jedem Einatmen an Ihrem Körper hinuntergleitet und bei jedem Ausatmen wieder nach oben wandert.

- Lassen Sie dieses Licht hin- und herströmen und genießen Sie diesen Kreislauf göttlicher Energie.

Ätherische Öle zur Steigerung der Sinnlichkeit

Wenn es um tantrische Praktiken geht, sind ätherische Öle in vielerlei Hinsicht hilfreich. Sie können sehr nützlich sein, wenn Sie Ihren heiligen Raum schaffen, denn sie erfüllen das Zimmer mit einem angenehmen Duft, der die Sinne schärft. Oder Sie können sie im Sinne des nächsten Kapitels verwenden, wenn es um tantrische Berührungen geht. Vor allem werden Sie feststellen, dass sie eine angenehme Ergänzung für die Massagesitzungen sind, die Sie mit Ihrem Geliebten durchführen. Viele glauben, dass jedes ätherische Öl seine eigene Kraft hat. Um das richtige Öl für Sie und Ihren Liebhaber zu finden, lesen Sie weiter.

Rose

Es überrascht vielleicht nicht, dass Rosen allgemein mit Liebe, Romantik und sogar mit dem Valentinstag in Verbindung gebracht werden. Ihr süßer, sinnlicher Duft ist stark blumig und leicht zu erkennen. Im Tantra werden Rosen mit dem Herz-Chakra in Verbindung gebracht – dem Emotionszentrum des Körpers – und es wird allgemein angenommen, dass diejenigen, die mit diesem Duft arbeiten, ihr Herz leichter für freudige Erfahrungen öffnen können. Es ist auch erwiesen, dass er die Libido steigert und die Sexualhormone des Körpers ausgleicht. Wenn Sie auf der Suche nach einer tantrischen Erfahrung mit einer liebevollen und mitfühlenden Grundstimmung sind, sollten Sie in Erwägung ziehen, Ihr Herz-Chakra mit einem ätherischen Rosenöl aufblühen zu lassen.

Sandelholz

Ätherisches Öl aus Sandelholz bringt eine warme, holzige Atmosphäre in jeden heiligen Raum. In Indien spielt der Duft eine große Rolle bei spirituellen Praktiken, besonderen Zeremonien und bei der Meditation. Bei Tantra-Praktizierenden wird er nicht weniger verehrt. Sandelholz versetzt nicht nur den Geist in einen ruhigen, erhöhten Zustand, sondern kann laut Studien die Stimmung heben und sogar Gefühle von sinnlichem Verlangen hervorrufen. Obwohl es weithin als starker Duft für Männer angesehen wird, ist es auch für Frauen ein sehr attraktives Aroma.

Muskatellersalbei

Die positiven Auswirkungen von Muskatellersalbei sind scheinbar endlos. Es gibt wissenschaftliche Beweise dafür, dass er die Schmerzen während des Menstruationszyklus einer Frau lindern und den Spiegel der Stresshormone im Körper senken kann, was indirekt die Stimmung hebt. Wenn Sie oder Ihr Partner Stress oder Depressionen als Grund dafür ansehen, dass Sie nicht häufiger Sex haben, ist Muskatellersalbei die perfekte Lösung. Da er den Cortisolspiegel senkt und auch die Hormone ausgleicht, die die Libido beeinflussen, wird Muskatellersalbei Sie *so* in Stimmung für Ihr nächstes Liebesspiel bringen.

Neroli

Dieser energetisierende Duft verändert die Libido zum Positiven, vor allem bei Frauen in den Wechseljahren, die einen verminderten Sexualtrieb durchleben. Dieses zitrusartige Öl ist oft in Parfüms und Körperprodukten zu finden, dank der Tatsache, dass es sich auf harmonische Weise mit vielen anderen Düften mischt. Es vermittelt sofort einen Hauch von Helligkeit und bekämpft Müdigkeit und Stress, indem es die Sinne weckt. Studien haben gezeigt, dass es das sexuelle Verlangen sowohl bei Männern als auch bei Frauen steigern kann, was es zu einem großartigen Duft macht, den Sie bei Ihren tantrischen Begegnungen benutzen können.

Ylang-Ylang

Dem Duft von Ylang-Ylang wird nachgesagt, dass er starke Gefühle von Ekstase und Euphorie hervorruft. Eine Studie hat sogar gezeigt, dass er, wenn er auf die Haut aufgetragen wird, herausragende Fähigkeiten hat, das Selbstwertgefühl zu steigern. Obwohl Ylang-Ylang traditionell nicht als aphrodisierender Duft bekannt ist, steigern die aufgeführten Effekte die Sinnlichkeit auf indirekte Weise. Stimmung und Selbstwertgefühl spielen eine große Rolle im Sexualleben einer Person; indem Sie regelmäßig ätherisches Ylang-Ylang-Öl anwenden, können Sie sicherstellen, dass Sie immer in Stimmung sind und stets darauf vertrauen, Ihre beste Leistung zu bringen.

Wie man Grenzen für tantrischen Sex setzt

Wann immer Sie sich auf eine neue sexuelle Reise begeben, ist es wichtig, mit Ihrem Liebhaber Grenzen zu setzen. Nicht jeder wird dies für notwendig halten, aber je nach Ihrer sexuellen Vorgeschichte fühlen Sie sich vielleicht wohler, wenn Sie wissen, dass Grundregeln aufgestellt wurden. Fühlen Sie sich nicht schuldig oder „schlecht", wenn Sie Ihrem Partner gegenüber Grenzen setzen. Ihr emotionales und körperliches Wohlbefinden ist für Sie beide wichtig; tantrischer Sex verliert seinen Reiz, wenn ein Partner nicht mehr voll präsent ist, weil er in irgendeiner Weise getriggert wurde.

Diese Grenzen können für die absehbare Zukunft gelten oder vielleicht nur für Ihre erste und zweite Sitzung. Stellen Sie klar, was nur für jetzt gilt und was eine feste, für immer geltende Grenze ist. Behalten Sie in jedem Fall die folgenden Tipps im Hinterkopf, um auf effektive Weise Grenzen ziehen zu können.

- **Gibt es Bereiche Ihres Körpers, in denen Sie nicht berührt werden möchten?**

Dies ist für viele Menschen eine wichtige Grenze, besonders wenn Sie ein sexuelles Trauma haben. Aus dem einen oder anderen Grund kann die Berührung einer bestimmten Körperregion manche Menschen triggern. Wenn dies bei Ihnen der Fall ist, lassen Sie Ihren Partner wissen, wo Sie lieber nicht berührt werden möchten. Körperteile, die normalerweise als empfindlich gelten, sind der Hals und der Nacken. Viele Menschen empfinden auch Druck an den Handgelenken oder an diesen umfasst zu werden als äußerst unangenehm. Und bitte beachten Sie, dass es nicht immer darum geht, was jemanden triggert; vielleicht hassen Sie es einfach, an einer bestimmten Stelle berührt zu werden, weil Sie es besonders unangenehm finden.

- **Mit welchen Arten von Berührungen sind Sie einverstanden und mit welchen nicht?**

Vielleicht fühlen Sie sich vollkommen wohl, wenn Sie überall berührt werden, aber es gibt Arten von Berührungen, die Sie einfach nicht ausstehen können? Klären Sie das mit Ihrem Partner, für den Fall, dass er es übertreibt. Viele Frauen mögen es zum Beispiel nicht, wenn man ihnen auf den Hintern klopft, während andere das sehr genießen. Vielen Menschen ist es unangenehm, wenn sie sich eingequetscht fühlen oder ein harter Druck auf sie ausgeübt wird. Manche Menschen sind sogar verärgert, wenn sie an Stellen geleckt werden, die nicht ihre Genitalien sind. Bedenken Sie diese verschiedenen Arten von Berührungen und teilen Sie Ihrem Partner mit, wenn diese für Sie abtörnend sind.

- **Würden Sie sich mit einem Codewort wohler fühlen?**

Wenn Sie sich auf potenziell unangenehmes Terrain begeben, möchten Sie vielleicht zur Sicherheit ein Codewort haben – aber das hat natürlich nicht jeder. Ein Codewort ersetzt das Wort „Stopp", sodass Ihr Partner weiß, wann er sofort mit dem, was er tut, aufhören soll. Ihnen ist dabei völlig freigestellt, für welches Wort Sie sich entscheiden, sogar etwas Albernes wie „Ananas" oder „Teddybär" ist möglich. Was auch immer Sie wählen, stellen Sie nur sicher, dass es kein Wort ist, das Sie regelmäßig im Bett sagen würden, da dies sonst zu einiger Verwirrung führen wird. Besonders Männer, die ihren G-Punkt zum allerersten Mal stimuliert bekommen, sollten sich für ihre erste Sitzung ein Code-wort ausdenken.

- **Möchten Sie ein Kondom benutzen?**

Sie werden vielleicht sehr intim miteinander, aber das bedeutet nicht, dass Sie die Verhütung vergessen sollten. Wenn Sie mit Ihrem Partner bislang ein Kondom benutzt haben, lassen Sie ihn wissen, was Ihre Präferenzen sind, wenn es um Ihre neue tantrische Reise geht. Besprechen Sie Ihre Gefühle, seien Sie ehrlich und lassen Sie sich nicht unter Druck setzen, kein Kondom zu benutzen. Wenn ein Partner es vorzieht, diese Verhü-tungsmethode zu benutzen, sollte der andere Partner diese Entscheidung respektieren. Beim tantrischen Sex ist Vertrauen ausschlaggebend.

- **Sind Sie bereit für die volle Intimität des tantrischen Sex oder brauchen Sie noch ein wenig Zeit?**

Es ist völlig in Ordnung, sich nicht sofort bereit für tantrischen Sex zu fühlen. Dieser kann schlummernde Energien wecken und Ihre Verbindung auf eine Art und Weise elektrisieren, die viele Menschen ohne eine Aufwärmphase überwältigend finden. Nicht bereit zu sein ist kein Zeichen von mangelndem Engagement für Ihren Partner oder irgendeiner Art von Schwäche, es zeigt nur ein allmähliches Ge-wahrwerden Ihrer Fähigkeiten – und das ist nichts Schlechtes! Wenn Sie sich bei dem Gedanken, mit Ihrem Partner in der Hitze einer tiefen Seelenverbindung zu verschmelzen, ein wenig überfordert füh-len, lassen Sie ihn wissen, dass Sie sich gerne zu diesem kraftvollen Akt vortasten würden.

Fünf Wege, die Sie kennen müssen, um Ihre Libido zu steigern

Sie könnten die effektivsten Sex-Tipps der Welt haben und ein hoch qualifizierter Tantra-Praktiker sein, aber wenn Sie nie Lust auf Sex haben, worin liegt dann der Sinn?

Bevor Sie mit der Lektüre dieser Auflistung fortfahren, stellen Sie sicher, dass Ihr Libidoverlust nicht auf ein medizinisches Problem zurückzuführen ist. Suchen Sie Ihren Arzt auf, um mögliche gesundheitliche Probleme auszuschließen, bevor Sie in den folgenden Tipps nach Lösungen suchen.

1.   Konsumieren Sie ein Aphrodisiakum

Einfach ausgedrückt, sind Aphrodisiaka Lebensmittel, die das sexuelle Verlangen entfachen und die Fähigkeit zur Erregung erhöhen. Manche Menschen glauben sogar, dass sie die Auswirkungen bestimmter sexueller Funktionsstörungen verringern können. Es wurden Studien zu einer Vielzahl dieser Aphrodisiaka durchgeführt und nicht alle sind wirksam. Tatsächlich haben Lebensmittel, die gerne als Aphrodisiaka angepriesen werden, wie Schokolade und Austern, keinerlei Wirkung auf die Libido gezeigt. Aber die gute Nachricht ist, dass es viele weniger bekannte Aphrodisiaka gibt, die nachweislich wirken – und sie können verblüffende Effekte erzielen.

-   **Maca**

Dieses peruanische Gemüse wird seit vielen Jahrhunderten verwendet, um die sexuelle Erregung zu stimulieren, die Fruchtbarkeit zu steigern, sexuelle Funktionsstörungen bei Frauen und erektile Dysfunktion zu lindern. Obwohl noch mehr Forschung nötig ist, um die beste Dosierung zu finden, gibt es genug Beweise, die zeigen, dass Maca bei sexueller Dysfunktion bei Frauen hilft und dass es nach einigen Wochen der Einnahme tatsächlich das sexuelle Verlangen bei Männern steigern kann. Maca ist leicht in Pulver- oder Pillenform in den meisten Apotheken und Reformhäusern erhältlich.

- Ginseng

Asiatischer Ginseng wird in der chinesischen Medizin seit der Antike verwendet. Seit Jahrhunderten wird er benutzt, um sexuelle Funktionsstörungen und eine geringe Libido bei beiden Geschlechtern zu behandeln. Und koreanischer Ginseng speziell hat sich bei der Steigerung des sexuellen Verlangens bei Frauen in den Wechseljahren als vielversprechend erwiesen. Obwohl seine transformativen Vorteile außer Frage stehen, wird Menschen, die blutverdünnende Medikamente einnehmen oder sich einer Krebsbehandlung unterziehen, geraten, Ergänzungsmittel mit Ginseng zu vermeiden. Einige haben nach der Einnahme dieser beliebten Pflanze auch über verstärkte Schlaflosigkeit berichtet.

- Ginkgo

Ginkgo stammt von einer der ältesten Baumarten der Welt. Wie Ginseng wurde diese Pflanze häufig in der chinesischen Medizin verwendet, um alles Mögliche zu heilen, von Depressionen bis hin zu erektiler Dysfunktion. Studien haben nicht bewiesen, dass Ginkgo bei allen Beschwerden, die es behandeln soll, wirkt, aber in einigen Bereichen sind die Ergebnisse vielversprechend. Die Forschung hat definitiv gezeigt, dass Ginkgo die Blutzirkulation im Körper verbessert und all sein Nutzen stammt von diesem Schlüsselprozess. Ein erhöhter Blutfluss zum Gehirn kann die geistige Klarheit stimulieren und sogar etwas bei schlechter Sehkraft helfen. Am bemerkenswertesten ist eine Studie, die berichtet, dass die Einnahme dieser chinesischen Heilpflanze sowohl bei Männern als auch bei Frauen zu einem gesteigerten sexuellen Verlangen und einer leichteren Fähigkeit zum Orgasmus führte. Und bei einer weiteren Studie führte die Einnahme zu einer gesteigerten Libido bei 84 Prozent der Teilnehmer, die Antidepressiva einnahmen. Ähnlich wie bei Ginseng ist es nicht empfehlenswert, ein Ginkgo-Ergänzungsmittel mit einem Blutverdünner einzunehmen.

2. Bleiben Sie bei nur einem Getränk

Alkohol macht uns vielleicht draufgängerischer und mutiger, aber zu viel davon kann Ihren Sexualtrieb *und* Ihre Fähigkeit zur Leistung oder zum Orgasmus zunichtemachen. Wenn Sie vor Ihrem tantrischen Sex-Date ein Glas Wein oder Likör trinken möchten, nehmen Sie nur einen Drink. Das wird Ihnen einen leichten Rausch geben, der Sie beruhigt, ohne die sexuellen Fähigkeiten Ihres Körpers zu beeinträchtigen. Sie bekommen den Schub, den Sie brauchen, um Ihr aufgestautes sexuelles Verlangen zu erkennen, und das Beste von allem ist, dass Sie dabei nicht nachlässig werden! Das ist ein Gewinn für alle.

3. Holen Sie Schlaf nach

Wie viel Schlaf Sie bekommen, hat einen tiefgreifenden Einfluss auf Ihre Gesundheit und Ihre Denkweise. Es ist also kein Wunder, dass es auch beeinflusst, wie hoch oder niedrig Ihr Sexualtrieb ist. Bei Männern bedeutet weniger Schlaf einen niedrigeren Testosteronspiegel – das Hormon, das unter anderem dafür verantwortlich ist, dass Sie sich männlich und erregt fühlen. Ein ähnlicher Effekt zeigt sich auch bei Frauen, die sich nachweislich leichter gestresst fühlen und weniger von positiven Reizen beeinflusst werden, wenn sie mit weniger Schlaf auskommen müssen. Wenn schlechte Schlafqualität zu einem beständigen Muster im Lebensstil wird, kann sie sogar noch mehr Schaden anrichten. Bei Männern kann es zu Erektionsstörungen kommen und beide Geschlechter können Unfruchtbarkeit entwickeln.

4. Arbeiten Sie an Ihrer Beziehung

Manchmal hat eine Abnahme des sexuellen Verlangens nicht nur mit Ihnen zu tun, sondern mit Ihrer Beziehung zu der Person, mit der Sie intim sind. Das kann ein langjähriger Partner sein oder jemand, den Sie noch nicht sehr gut kennen – es gibt eine Vielzahl von Problemen, die in beiden Situationen auftreten können. Wenn Sie viele Jahre mit einem Partner zusammen sind, ist es normal, dass Sie Phasen mit geringerer Libido und weniger sexueller Aktivität durchlaufen. Das kann ein Zeichen dafür sein, dass Sie mehr aus Ihrer Komfortzone herauskommen und mehr Aufregung in Ihre Beziehung bringen müssen, nicht nur im Schlafzimmer, sondern auch außerhalb davon. Ziehen Sie in Erwägung, sich zu verabreden, als wären Sie ein neues Paar, oder einen romantischen Ausflug zu machen.

Wenn Sie irgendwelche Unsicherheiten oder Sorgen über die Zukunft Ihrer Beziehung mit sich herumtragen, kann auch dies die Libido beeinflussen. Oft verlieren wir das sexuelle Verlangen nach unseren Partnern, weil ein Teil von uns sich bei ihnen nicht sicher oder geborgen fühlt. Jede Spannung, die in der Luft liegt, ruiniert sofort mögliche Chancen auf Intimität. Wenn Sie spüren, dass in Ihrer Beziehung tiefere Probleme im Spiel sind, ist es vielleicht am besten, diese so schnell wie möglich zu lösen. Sobald Sie das getan haben, werden Sie zweifellos feststellen, dass Ihr Sexualtrieb vollständig wiederhergestellt ist.

5. Arbeiten Sie an Ihrem Selbstvertrauen und Selbstwertgefühl

Das ist doch klar, oder? Wenn Sie sich in Ihrer eigenen Haut nicht wohlfühlen, ist die Wahrscheinlichkeit geringer, dass Sie mit jemandem intim sein wollen. Anstatt sich zu erlauben, Ihr sexuelles Verlangen voll und ganz auszuleben, werden Sie von einem niedrigen Selbstwertgefühl in Form von ängstlichen und nervösen Gedanken überschwemmt. Wenn Sie sich in Bezug auf Ihren Körper unsicher sind, sollten Sie eine Änderung Ihres Lebensstils in Erwägung ziehen, damit Sie sich selbst besser fühlen. Eine gesündere Ernährung oder regelmäßiges Training sind Beispiele für gute Lösungen. Vermeiden Sie zudem Aktivitäten, die Ihnen ein schlechtes Selbstwertgefühl geben oder zu Vergleichen mit anderen Menschen führen. Arbeiten Sie an Ihrer Beziehung zu sich selbst und Sie werden sehen, wie Ihr sexuelles Verlangen in die Höhe schießt.

Betrachten Sie dieses Kapitel als grundlegend für Anfänger. Zögern Sie nicht, zurückzublättern, wann immer Sie sich an diese Grundlagen erinnern müssen; Sie werden sie brauchen, wenn Sie in das Herz des Tantra und seine fortgeschrittenen Praktiken eindringen. Mit einer starken Grundlage können Sie nach den Sternen greifen.

KAPITEL 3:
Die tantrische Berührung

Sie haben die Grundlagen erfasst und begonnen, das Fundament zu legen, und jetzt sind Sie endlich bereit, die tantrische Berührung zu erforschen. Da Sie nun über mehr Mittel verfügen, sind Sie besser für die tiefergehenden Übungen gerüstet. Sie werden noch keinen Geschlechtsverkehr haben, aber glauben Sie mir, diese Übungen werden das gleiche Gefühl der Verbindung und Intimität wecken.

Wenn wir einen Ausbruch von Liebe spüren, der sich in Form von Dankbarkeit äußert, sagen wir: „Das berührt mich." Es hat einen guten Grund, warum wir diese Worte wählen, um dieses Gefühl auszudrücken. Die Berührung zweier Körper birgt eine Menge Kraft. Ob wir uns dessen bewusst sind oder nicht, wir verbinden unsere Energien mit den Menschen oder Tieren, die wir berühren – auch wenn es nur für einen kurzen Moment ist. Wenn wir sagen, dass uns jemandes Worte oder Handlungen „berühren", sagen wir damit im Wesentlichen: „Was du getan hast, hat tief in mir eine Saite zum Klingen gebracht, und ich fühle mich von Liebe erfüllt." Eines der vielen Ziele der Berührung beim tantrischen Sex ist es, kontinuierlich diese

Reaktion hervorzurufen – das Gefühl, dass sich zwei Seelen auf einer höheren Ebene verbinden.

Bei normaler Berührung geht es um zwei Körper, die sich zwar physisch nahe sind, aber deren Seelen sich fremd sind. Bei tantrischer Berührung hingegen geht es um zwei Seelen, die sich gegenseitig erfahren und den Körper nur als Werkzeug benutzen, um diese Erfahrung zu vertiefen.

Wenn dies wie eine unmögliche Aufgabe klingt und Sie sich überfordert fühlen, machen Sie sich keine Sorgen; niemand legt einfach einen Schalter um und beherrscht sofort die tantrische Berührung. Folgen Sie den Techniken in diesem Kapitel und Sie werden bald feststellen, dass es gar nicht so schwer ist.

Beginnen Sie mit diesen vier Anfängerübungen

Der Blick in die Seele

Schauen Sie Ihrem Partner eine bestimmte Zeit lang tief in die Augen. Wenn dies Ihr erstes Mal ist oder Sie Probleme mit Blickkontakt haben, beginnen Sie mit zwei Minuten. Ansonsten versuchen Sie, fünf Minuten lang in Verbindung zu bleiben. Schieben Sie alle Unbeholfenheit und Schüchternheit beiseite; lernen Sie, sich unter dem Blick Ihres Partners wohlzufühlen. Versuchen Sie, während dieser Übung zu bemerken, ob irgendwelche Gefühle oder Triebe auftauchen. Sie können entscheiden, ob Sie dies Ihrem Partner mitteilen wollen oder nicht. Obwohl es verlockend sein mag, dies im Liegen zu tun, wird der Blick in die Seele am besten durchgeführt, während Sie einander aufrecht gegenübersitzen. Und denken Sie daran: Es ist kein Wettstarren – Sie dürfen blinzeln!

Hände auf den Herzen

Wie der Name der Übung andeutet, sollten die Partner damit beginnen, ihre Handflächen auf ihr Herz zu legen. Atmen Sie tief ein und stellen Sie sich dabei vor, wie Licht oder Energie in Ihr Herz gezogen wird. Wenn Ihr Sexualpartner auch Ihr romantischer Partner ist, ist ein optionaler Schritt, dieses Licht oder diese Energie als Liebe wahrzunehmen. Wenn beide Parteien bereit sind, sollten sie ihre rechte Hand auf das Herz des Partners legen. Mit der freien linken Hand sollten sie dann die Hand über ihr eigenes Herz legen. Versuchen Sie nun, Ihre Atmung zu synchronisieren. Atmen Sie tief und langsam ein und genießen Sie dabei die Luft, die in Ihre Lungen einströmt. Spüren Sie beim Einatmen, wie Sie Liebe und Atem von Ihrem Partner empfangen, und zwar durch die Hand, die über Ihrem Herzen liegt. Und wenn Sie wieder ausatmen, stellen Sie sich vor, wie die Liebe, die Sie spüren, durch Ihren rechten Arm in das Herz Ihres Partners wandert. Setzen Sie diesen Zyklus zehn bis zwölf Atemzüge lang fort.

Erforschen und Streicheln

Mit dem Einverständnis beider Partner lassen Sie abwechselnd Ihre Hände über den Körper des anderen wandern. Tun Sie so, als ob Sie sich zum ersten Mal berühren würden, und nehmen Sie sich die Zeit, die Haut zu spüren, die Formen zu entdecken und jede Textur zu bewundern. Es ist wichtig, dass Sie behutsam miteinander umgehen und keine unangenehmen oder schmerzhaften Empfindungen hervorrufen. Gleichzeitig sollten Sie die Lust nicht in den Mittelpunkt stellen. Erforschen Sie einfach den Körper des anderen und lernen Sie ihn als ein heiliges Gefäß kennen.

Die fürsorgliche Meditation

Der erste Schritt dieser Meditation besteht darin, zu entscheiden, welcher Partner das stärkste Bedürfnis danach verspürt, umsorgt zu werden. Das kann entweder der eine oder der andere Partner sein – Sie können sich auch abwechseln. Als Nächstes nehmen Sie die Löffelchenstellung ein und legen sich auf die linke Seite. Um den vollen Komfort zu gewährleisten, sollte jeder Partner ein Kissen haben, das seinen Kopf stützt. Die Person, welche die Fürsorge braucht, ist der Empfangende, und derjenige, der sie spendet, ist der Gebende. Der Gebende legt sich hinter den Empfangenden und fungiert als „großer Löffel", während der andere der „kleine Löffel" ist.

Was diese Meditation von normalem Aneinanderschmiegen in der Löffelchenstellung unterscheidet, ist die Ausrichtung der Chakren, insbesondere des Herz-Chakras. Der Gebende sollte sich eng an den Empfangenden kuscheln und dabei die Energiezentren des Herzens, des Bauches und so viele weitere wie möglich aufeinander ausrichten. Als Nächstes sollte der Gebende seinen linken Arm unter den Nacken des Empfangenden schieben und seine Handfläche oder Finger leicht auf das Stirn-Chakra oder alternativ auf das Kronen-Chakra des Empfangenden legen. Mit dem rechten Arm sollte der Gebende den Empfangenden umfassen und seine Hand auf dem Herzen des zu umsorgenden Partners ruhen lassen. Wenn diese Schritte abgeschlossen sind, sollte es so aussehen und sich so anfühlen, als würde der Gebende den Empfangenden in seinen Armen wiegen.

Wenn sich diese Position als unangenehm erweist, können Sie sie nach Bedarf anpassen und dabei so viele Kissen wie nötig verwenden. Der Empfangende kann die Hand, die auf seinem Herzen liegt, mit seiner eigenen Hand abdecken, aber das ist völlig optional.

Alles, was Sie über tantrische Massage wissen müssen

Es ist bekannt, dass Massagen eine Vielzahl von therapeutischen Wirkungen auf den menschlichen Körper und Geist haben. Die richtige Berührung kann aufgestaute Muskelverspannungen lösen, die Genesung von bestimmten Verletzungen unterstützen, die Blutzirkulation verbessern – und das ist nur der Anfang einer sehr langen Liste. Eine Massage von einem Liebhaber zu erhalten, hat vielleicht nicht die gleichen physiologischen Vorteile (es sei denn, Ihr Partner ist Masseur!), aber es kann sehr hilfreich dafür sein, sich nahezukommen und, Sie haben es erraten, für tantrischen Sex.

Was die tantrische Massage zu einer so besonderen Praxis macht, ist ihre Fähigkeit, allein durch die Kraft der Berührung ein Gefühl der Sinnlichkeit zu entfachen und sogar sexuell zu erregen. Ein wacher Geist und Haut-zu-Haut-Kontakt, ohne jegliche Berührung der Genitalien des Partners, sind alles, was nötig ist, um ein tiefes Gefühl von Intimität und Nähe zu erzeugen. Wenn sie von einem fürsorglichen oder intuitiven Partner durchgeführt wird, hat sie sogar die Kraft, spirituelle, physische oder emotionale Blockaden zu lösen, die sich im Körper manifestiert haben.

Ob Sie es glauben oder nicht, Sie müssen nicht sehr erfahren mit Tantra sein, um eine tantrische Massage durchzuführen. Genau aus diesem Grund ist es eine hilfreiche Übung für Einsteiger.

Tantrische Massage-Techniken

Schaffen Sie für den Anfang eine Atmosphäre, die beide Parteien als beruhigend und entspannend empfinden. Nutzen Sie die Tipps in Kapitel zwei, um mit der richtigen Umgebung zu experimentieren. Die

Haut muss für die Massage freigelegt werden, daher ist es wichtig, dass der Raum auch warm ist.

Damit es sich angenehm anfühlt, wird dringend empfohlen, für die Massage ein Öl oder eine Creme zu verwenden. Duftöle oder ätherische Öle, essbare Massagecremes, Lotionen oder jedes im Laden gekaufte Massageöl sind gut geeignet – achten Sie aber darauf, dass die Formel wasserlöslich ist, sonst könnten Ihre Bettwäsche und Kleidung Flecken bekommen. Wenn das von Ihnen gewählte Öl oder die Creme parfümiert ist, achten Sie darauf, dass es einen Duft trägt, den auch Ihr Partner mag. Menschen, die empfindlich auf bestimmte Düfte reagieren, können es schwer haben, in Stimmung zu bleiben, wenn ihre Sinne von einem Duft überflutet werden, den sie als unangenehm empfinden.

Schritt 1: Einölen

Nehmen Sie sich die Zeit, den Bereich vorzubereiten, den Sie massieren werden. Die Sinnlichkeit kann schon hier beim ersten Schritt beginnen. Geben Sie das Öl in Ihre Hände, reiben Sie sie aneinander, um Wärme zu erzeugen, und verteilen Sie das Öl dann sanft auf der Haut Ihres Partners. Genießen Sie das Gefühl des Öls auf Ihren Handflächen, Fingern und an allen Berührungspunkten. Beginnen Sie mit Ihren Händen auf dem unteren Rücken Ihres Partners und lassen Sie sie nach oben gleiten. Bewegen Sie Ihre Hände mit sanftem Druck nach oben und über den Rücken Ihres Partners, bis Sie den Nacken erreichen. Massieren Sie leicht die Nackenbeuge, bevor Sie zu den Schultern übergehen. Zum Schluss kneten Sie vorsichtig das Gesäß Ihres Partners. Arbeiten Sie sich in langsamen, sanften Bewegungen von den Seiten in der Nähe der Hüften zur Mitte hin vor.

Schritt 2: Gleiten

Legen Sie Ihre Hände zu beiden Seiten der Wirbelsäule auf den Rücken Ihres Geliebten. Sie sollten parallel zueinander auf seinem oder ihrem oberen Rücken liegen. Üben Sie nun sanften Druck aus und lassen Sie Ihre Hände über die perfekt eingeölte Haut gleiten. Massieren Sie sich hinunter zum unteren Rücken Ihres Partners, dann zum Gesäß, dann wieder hinauf. Genießen Sie es, sich von einem Körperteil zum anderen zu bewegen. Arbeiten Sie sich nach oben und massieren Sie mit kleinen, sanften Bewegungen die kleine Beuge, wo der Nacken auf die Schultern trifft. Obwohl es sich um einen kleinen Bereich handelt, kann hier eine Menge Anspannung auftreten. Wenn Sie fertig sind, gleiten Sie über die Schultern und die Arme hinunter bis zu den Fingerspitzen. Führen Sie diesen Kreislauf mindestens fünfmal durch. Bitten Sie Ihren Partner während der Massage um Feedback darüber, was sich besonders gut anfühlt und was nicht so gut ankommt. Versuchen Sie jedoch, dies zu einer Übung zu machen, bei der nicht geredet wird, damit beide Parteien einfach in einen ruhigen Zustand abdriften können.

Schritt 3: Kneten

Wenn Sie mit dem Kneten von Teig vertraut sind, werden Sie das Wesentliche dieser Massagetechnik verstehen – aber wenden Sie nicht den gleichen Druck an, sonst werden Sie Ihrem Partner wahrscheinlich einen unangenehmen Aufschrei entlocken. Für diejenigen, die keinerlei Backerfahrung haben, geht es so: Drücken Sie den Rücken Ihres Liebhabers sanft zwischen Daumen und anderen Fingern zusammen. Obwohl alle Finger nach innen drücken sollten, sollten Sie sicherstellen, dass Ihr Daumen den meisten Druck ausübt. Benutzen

Sie auch den Handballen, um die tief in den Muskeln liegenden Verspannungen zu lösen. Führen Sie diese Knettechnik über den gesamten Rücken Ihres Partners aus und gehen Sie anschließend zum Gesäß über. Das Gesäß und andere fleischige Bereiche des Körpers können normalerweise größeren Druck aushalten, scheuen Sie sich also nicht, das Gesäß Ihres Partners mit etwas mehr Kraft und Intensität zu massieren. Es wird ihm vielleicht besser gefallen, als Sie denken!

Schritt 4: Federleichtes Streicheln

Stellen Sie sich vor, dass Ihre Finger kleine Federn sind, und streicheln Sie Ihren Geliebten sanft am ganzen Körper. Streichen Sie leicht über seinen oder ihren Nacken, die Schultern, den oberen und unteren Rücken, die Arme und das Gesäß und imitieren Sie dabei die sanfte Berührung von Federn. Wenn Sie lange Fingernägel haben, können Sie mit den Spitzen leicht kratzen oder streifen. Dieser Schritt sollte etwa fünf Minuten dauern.

Schritt 5: Streicheln von Füßen und Beinen

Wenn Sie zu diesem Schritt kommen, benötigen Sie möglicherweise etwas mehr Öl. Geben Sie etwas mehr auf Ihre Handfläche und arbeiten Sie die Techniken ab, die Sie gerade gelernt haben. Gleiten Sie mit Ihren Händen an den Oberschenkeln, Waden, Fersen und Füßen herunter. Versuchen Sie danach, zu kneten, und gehen Sie dann wieder zu den federleichten Streichungen über. Schenken Sie den Füßen besondere Aufmerksamkeit, da viele Menschen Druck in diesem Bereich zutiefst beruhigt. Unsere Füße tragen uns tagtäglich – schenken Sie ihnen etwas Liebe! Wenn Sie möchten, können Sie jeden Zeh vorsichtig zusammendrücken, bevor Sie ihn ganz sanft lang ziehen. Wenn Sie den Beinen und Füßen Ihre volle Aufmerksamkeit geschenkt haben, schließen Sie diesen Schritt mit einer letzten Runde der Technik Ihrer Wahl ab. Arbeiten Sie sich aber diesmal von den Füßen bis zu den Oberschenkeln vor. Wenn Sie so nahe an den Lenden verweilen, wird ein sexuelles Feuer entfacht, das Sie die ganze Nacht über begleiten wird.

Schritt 6: Den Liebhaber wieder umdrehen

Sie haben dem Rücken Ihres Liebhabers viel Freude bereitet – jetzt ist es an der Zeit, der Körpervorderseite die gleiche Aufmerksamkeit zu schenken. Es gilt, Ihre Hände neu einzuölen. Gleiten Sie nun mit Ihren Händen leicht den Bauch Ihres Liebhabers hinauf, über die Brustwarzen und den ganzen Weg zurück zum Bauch. Fahren Sie auf diese Weise mindestens vier- bis fünfmal auf und ab. Wenn Ihr Partner Brüste hat, können Sie Ihre Handflächen auch um diese herumführen, aber denken Sie daran, sehr sanft vorzugehen. Genießen Sie bei diesem Kreislauf das Gefühl der sich verändernden Energie im Körper Ihres Partners.

Wenn Sie mit diesen Schritten fertig sind, sollten Sie wissen, dass es keinen Grund gibt, jetzt aufzuhören. Ihr Partner befindet sich nun auf der Vorderseite. Sie können gerne weitermassieren, wo immer Sie wollen. Wer sagt, dass eine Massage nicht auch ein Vorspiel sein kann?

Sieben Tipps für tantrische Berührungen zum Dahinschmelzen

1. **Achten Sie auf die erogenen Zonen.** Eine erogene Zone ist ein hochsensibler Teil des Körpers, von dem bekannt ist, dass er eine sexuelle Reaktion hervorruft, wenn er in irgendeiner Weise stimuliert oder aktiviert wird. Erogene Zonen können

Sie erregen oder entspannen, und eine Person sogar bis zum Orgasmus bringen. Sowohl Männer als auch Frauen haben eine Vielzahl von erogenen Zonen; während einige von ihnen ziemlich offensichtlich zu erraten sind, könnten andere Sie überraschen. Hier sind einige weniger bekannte Hot-Spots des Körpers:

- **Das innere Handgelenk.** Eine der Pulsstellen des Körpers ist zugleich auch ein hochsensibler Bereich. Berührungen an dieser Stelle können ein Kribbeln in der Wirbelsäule auslösen, sei es beim einfachen Händchenhalten oder beim Liebesspiel.

- **Die Finger, vor allem die Spitzen.** Wenn Sie schon einmal mit jemandem zusammen waren, der an Ihren Fingern geleckt oder gesaugt hat, dann wissen Sie sehr gut, dass das alles erogene Zonen sind. Ob Sie es glauben oder nicht, Ihre Fingerspitzen sind tatsächlich die für Berührungen empfindlichsten Bereiche Ihres gesamten Körpers. Um ein kreatives Vorspiel zu erreichen, sollten Sie einen Weg finden, sie zu stimulieren.

- **Die Ohren.** Es gibt einen Grund, warum das Knabbern am Ohr eines anderen Menschen extrem erotisch und erregend sein kann: Die Ohren sind unglaublich empfindlich. Es befinden sich Hunderte von Sinnesrezeptoren an der Innen- und Außenseite der Ohren. Wenn Sie das nächste Mal mit Ihrem Partner Spaß haben, versuchen Sie, an seinen oder ihren Ohrläppchen zu knabbern oder sie leicht zu küssen.

- **Der Unterbauch und der Nabel.** Schenken Sie diesem Körperteil etwas Aufmerksamkeit und Sie werden wahrscheinlich einen genüsslichen kleinen Seufzer von Ihrem Partner zu hören bekommen. Und warum? Weil Sie ihn so unglaublich nah an seinen Genitalien berühren. Wer würde das nicht erregend finden? Dies ist eine hervorragende Stelle, um ihn ein wenig zu necken. Küssen Sie entlang des Unterbauchs oder zeichnen Sie Kreise um den Bauchnabel.

- **Der untere Rücken.** Es mag merkwürdig erscheinen, durch Berührung in diesem Bereich des Körpers erregt zu werden, aber es funktioniert. Der Grund dafür liegt in der Tatsache, dass die Nerven der unteren Wirbelsäule mit dem Becken verbunden sind. Experimentieren Sie mit leichten Streicheleinheiten und Lecken über den unteren Rücken.

- **Die Innenseiten der Oberschenkel.** Diese ist zwar keine erogene Zone per se, aber sie liegt so nah an den empfindlichsten und sexuellsten Bereichen, die es gibt, dass ihre Stimulation ähnlich erregend wirken kann wie die Berührung in jenen Bereichen. Jede Stimulation lenkt die Aufmerksamkeit nur noch mehr auf die Körperstelle, mit der Sie *als Nächstes* spielen werden.

Werden Sie kreativ, wenn es darum geht, wie Sie diese erogenen Zonen aktivieren können. Versuchen Sie zu küssen, zu lecken oder einfach nur ganz sanft die Haut zu streifen. Und zögern Sie nicht, mehr als einen Bereich auf einmal zu stimulieren!

2. **Unterschätzen Sie nicht die Kraft von sanften, federleichten Berührungen.** Im vorherigen Abschnitt haben Sie wahrscheinlich bemerkt, dass leichte Berührungen eine beruhigende Ergänzung zu einer Massagesitzung sind. Das gilt nicht weniger, wenn die Situation erotisch aufgeladen ist. In diesen Szenarien macht die Leichtigkeit der Berührung nur noch mehr darauf aufmerksam, wie sehr Sie berührt werden *wollen*. Es kann ein Verlangen nach der Berührung des anderen entfachen, bei dem man begierig darauf wird, ihm näher zu kommen, weil man sich plötzlich des Abstands zwischen einander bewusst wird.

3. **Visualisieren Sie Licht, das von Ihren Handflächen und Fingern ausgeht.** Es mag seltsam erscheinen, aber diese Visualisierungstechnik kann viel dabei bewirken, wie wir unsere Partner berühren. Wenn wir uns bewusst sind, dass unsere Hände Energie transportieren, ist es wahrscheinlicher, dass wir sie auf sanfte und sehr bewusste Weise einsetzen und unsere Herz-Energie durch unsere Finger kanalisieren. Eine weitere optionale Ergänzung zu dieser Übung ist es, sich vorzustellen, dass das Licht in Ihren Händen direkt aus Ihrem Herzen kommt. Lassen Sie die Energie und die Absichten aus Ihrem Herz-Chakra Ihre Handflächen und Finger leiten.

4. **Verwenden Sie Laute, um auf Ihren Partner zu reagieren.** Wenn wir versuchen, unsere Partner sexuell zu erregen oder zu beglücken, kann es sich verwirrend und vielleicht sogar verheerend anfühlen, wenn sie nicht merklich darauf reagieren. Bei tantrischen Berührungen kann es viel bewirken, mit Stöhnen oder anderen lustvollen Lauten zu antworten, solange sich diese natürlich anfühlen. Das lässt Ihren Partner

wissen, was er richtig macht, und es kann die Erfahrung viel erotischer machen.

5. **Zögern Sie nicht damit, Ihre Wünsche zu äußern.** Wenn Ihr Partner Sie auf eine Art und Weise berührt, die Ihnen nicht ganz zusagt, brauchen Sie sich nicht davor zu scheuen, ihm zu sagen, wie es sich am besten anfühlt. Solange Sie dies auf eine liebevolle und freundliche Art und Weise tun und darauf achten, dass er sich nicht unzulänglich fühlt, wird dies Ihrem Liebesspiel nur positiv dienen. Sie können Ihre Wünsche sogar auf eine Art und Weise äußern, die sehr erregend ist und die Situation noch mehr anheizt. Und wenn Ihr Partner es endlich richtig macht, lassen Sie ihn wissen, wie gut es sich anfühlt. Manchmal fühlt sich ein angenehmes Gefühl noch besser an, wenn Sie es anerkennen.

6. **Nehmen Sie sich Zeit beim Küssen.** Bevor Sie sich ausziehen, verbringen Sie eine ganze Weile damit, Ihren Partner einfach nur zu küssen. Genießen Sie, wie es sich anfühlt, seine Lippen auf den Ihren zu haben. Wir neigen dazu, diesen Teil beim Liebesspiel zu überstürzen, aber auch dieser schöne Moment sollte genossen werden. Schauen Sie, wie viele Sinne Sie ansprechen können, während Sie Ihren Liebhaber küssen. Was können Sie schmecken? Was können Sie riechen? Öffnen Sie die Augen und entfernen Sie sich zwischen den Küssen etwas von ihm. Wie sieht Ihr Partner aus? Wie sehen seine Lippen aus? Berühren Sie andere Bereiche des Gesichts, während Sie ihn küssen. Hören Sie auf die Geräusche, die er vielleicht macht. Zeigen Sie Leidenschaft – so, als würden Sie Ihre Liebe mit einem einzigen Kuss beweisen.

7. **Stellen Sie sich vor, dass Sie den Körper des anderen zum ersten Mal sehen.** Es mag albern klingen, vielleicht sogar unmöglich, aber Sie werden überrascht darüber sein, wie sehr Sie Ihre eigene Wahrnehmung beeinflussen können. Wenn wir den Körper eines anderen zum ersten Mal sehen, nehmen wir jedes kleine Detail wahr. Wir nehmen sozusagen im Geiste den Pinsel in die Hand und malen eine mentale Kopie des Originals, um eine Erinnerung an das Erlebnis zu schaffen. Und jede Berührung, die auf diesen ersten Blick folgt, fühlt sich elektrisch an, weil sie völlig neu ist. Ob Sie es glauben oder nicht, es ist möglich, etwas von diesem anfänglichen Feuer neu zu entfachen. Spielen Sie ein Spiel, bei dem Sie zu dem Zeitpunkt zurückkehren, an dem Sie Ihren Partner zum ersten Mal gesehen haben und an dem Sie zum ersten Mal eine Welle des Verlangens nach ihm verspürt haben. Gehen Sie diese frühen Begegnungen durch, bis zu dem Zeitpunkt, an dem Sie schließlich zum ersten Mal allein miteinander waren und sich ausziehen wollten. Damit diese Übung noch mehr Spaß macht, können beide Partner daraus ein Rollenspiel machen, bei dem sie sich gegenseitig zum ersten Mal verführen.

Tantrische Berührung auf fünf kraftvolle Arten

Wir haben bereits festgestellt, dass jede Interaktion, insbesondere Berührungen, ein Geben und Nehmen von Energie beinhaltet. Wussten Sie, dass verschiedene Arten der Berührung diese Energie auf ganz unterschiedliche Weise übertragen? Wenn Sie Ihren Partner berühren, experimentieren Sie mit diesen Arten der tantrischen Berührung. Es gibt keine Regeln, außer dass Sie keine übermäßige Kraft anwenden und nichts tun sollten, was Schmerzen verursachen könnte. Ansonsten genießen Sie die Berührung Ihres Partners. Schauen Sie, ob Sie bemerken, wie sich die Energie je nach Art leicht verschiebt.

Statische Berührung

Vereinfacht ausgedrückt, bedeutet statische Berührung, dass der Hautkontakt still und unbewegt ist. Der Gebende entscheidet sich dafür, die Richtung oder Kraft der Energie nicht zu beeinflussen, sondern sie in ihrem natürlichen Zustand frei fließen zu lassen. Wann immer Sie Ihre Hand auf die Wange Ihres Geliebten oder seinen unteren Rücken legen, ist dies eine statische Berührung. Eine andere Variante ist, überhaupt keinen Hautkontakt herzustellen und einfach die Handfläche in völliger Ruhe einen Zentimeter von der Haut des Geliebten entfernt zu halten.

Fließende Berührung

Berührung ist fließend, wenn sie in kontinuierlichen, vielleicht sogar rhythmischen Bewegungen geschieht. Das Kreiseziehen auf der Haut einer Person, das Zeichnen von Spiralen oder Dreiecken sind Beispiele dafür. Fließende Berührungen haben die Tendenz, die Energie in dem Bereich zu zentrieren, in dem die Haut berührt wird. Dies kann zu Heilzwecken geschehen oder einfach, um über die Kraft dieses Körperteils nachzudenken.

Klopfen oder Schlagen

Wenn wir einen kurzen Hautkontakt mit erhöhtem Kraftaufwand herstellen, manifestiert er sich als Klopfen oder Schlagen. Diese Aktion bringt einen Energieschub in die Haut und den Körper und erweckt alles, was schlummert. Wenn dies mit zu viel Kraft getan wird, kann es bei einer anderen Person Schmerzen verursachen – etwas, von dem wir beim tantrischen Sex abraten (es sei denn, Sie arbeiten sorgfältig mit Black Tantra), da dies die Seele sofort zurück in den Körper bringt und sie vom Göttlichen abtrennt. Wenn Sie das Klopfen oder Schlagen in Ihr tantrisches Liebesspiel einbeziehen wollen, stellen Sie sicher, dass Sie es sanft und mit genügend Zurückhaltung tun, um Schmerzen zu vermeiden.

Kratzen

Wenn wir jemanden kratzen, benutzen wir unsere Fingernägel, um seine Haut zu streifen. Wie bei der vorherigen Art kann man auch hier schnell zu weit gehen und Schmerzen verursachen, aber wenn das Kratzen nur leicht ausgeführt wird, kann es sich extrem angenehm anfühlen. Wenn wir die Haut unseres Liebhabers leicht streifen, wecken wir an den Stellen, die wir berühren, das Verlangen nach tiefgehenderem Kontakt. Es wirkt fast, als ob wir von Energie berieselt werden, die ein federleichtes und fast kitzelndes Gefühl hervorruft, das unbedingt auf irgendeine Weise befriedigt werden möchte.

Kneten oder quetschen

Sanften Druck auf den Körper einer anderen Person auszuüben, ist ein sicherer Weg, um ein Gefühl von Nähe und Intimität zu erzeugen. Dies kann sehr befriedigend sein – als ob Sie der Person so nahe kommen, wie Sie nur können. Genau aus diesem Grund kann sich sowohl das Kneten als auch das Quetschen wie eine Befreiung von aufgestauter Energie anfühlen. Und da das Kneten oft rhythmisch und wiederholend ist, kann es sich sogar so erotisch anfühlen wie die kontinuierliche Bewegung beim Sex und wie wenn wir jemanden befriedigen.

Alles beginnt mit der Berührung. Behalten Sie diese tantrischen Übungen im Hinterkopf, um die Kraft Ihrer Hände voll auszuschöpfen. Achten Sie immer auf die Art und Weise, wie Sie jemanden berühren, und auf die Energie, die Sie in den Körper des anderen fließen lassen. Wenn beim tantrischen Sex Haut auf Haut trifft, stellen Sie sicher, dass es mit Liebe und Mitgefühl geschieht.

KAPITEL 4:
Göttlicher Sex

Irgendwann hatten wir alle schon mal guten Sex. Wenn Sie Glück haben, hatten Sie vielleicht sogar schon großartigen Sex. Viele Menschen sind bereit, sich damit zufriedenzugeben, aber da Sie dieses Buch lesen, streben Sie sicherlich danach, darüber hinauszugehen. Wie wir festgestellt haben, verleihen die tantrischen Lehren der sexuellen Erfahrung eine ganz neue Dimension. Also, was genau macht göttlichen Sex aus?

Ihr sexuelles Erlebnis kann als göttlich bezeichnet werden, wenn es sich anfühlt, als ob Sie sich auf einer spirituellen Ebene befinden würden. Es geht nicht nur um körperliches Vergnügen, sondern auch um die Schönheit dessen, als Einheit zusammenzukommen. Regulärer Sex stellt den Körper über alle anderen Faktoren, während göttlicher Sex den Körper lediglich als ein Mittel zur Steigerung der Ekstase der Seele und des Geistes sieht. Göttlicher Sex geht über das Ziel hinaus, „einen Orgasmus zu bekommen" und hinterlässt stattdessen bei beiden Parteien ein Gefühl der Ermächtigung und eine Bindung, die tiefer ist, als sie vorher war.

Die Wahrheit ist jedoch, dass die besten Teile des göttlichen oder tantrischen Sex unbeschreiblich sind. Sie müssen gefühlt und erlebt werden. Die gute Nachricht ist, dass Sie sich auf dem Weg dorthin befinden. Es ist an der Zeit, die Tür zum kraftvollen tantrischen Sex zu öffnen und endlich über alles hinauszugehen, was Sie bisher erlebt haben.

Yab-Yum: Das Tor zum tantrischen Sex

Die Yab-Yum-Position ist eine der häufigsten tantrischen Posen in der heutigen Zeit. Sie bedeutet übersetzt „Vater-Mutter" und repräsentiert die Vereinigung von männlicher und weiblicher Energie beziehungsweise von Weisheit und Mitgefühl. Yab-Yum wird häufig in der buddhistischen Kunst dargestellt und Sie finden diese Darstellung in Statuen, Reliefs und Mandalas in vielen Teilen Asiens.

In tantrischen Praktiken ist die Yab-Yum-Position nicht notwendigerweise sexuell, aber diejenigen, die die Tiefen des tantrischen Sex erforschen wollen, werden in ihr ein wesentliches Mittel finden. Partner finden oft, dass die Intimität von Yab-Yum zu einem verstärkten Gefühl der Verbundenheit und einer extrem sinnlichen Atmosphäre führt. Mit anderen Worten, die perfekte Voraussetzung für ein tantrisches Liebesspiel! Um sich für Yab-Yum aufzuwärmen, probieren Sie den Blick in die Seele oder die Hände-auf-den-Herzen-Übung.

Die Yab-Yum-Stellung ist recht einfach: Der männliche Partner sitzt im Schneidersitz, während die weibliche Partnerin ihm gegenüber auf seinem Schoß sitzt. Ihre Beine sollten um seinen unteren Rücken geschlagen werden, wobei ihre Füße gekreuzt sind oder flach auf dem Boden liegen. Für ein tantrisches Erlebnis können Sie sich in die Yab-Yum-Position begeben, indem Sie die folgenden Schritte befolgen.

Schritt 1 – Beide Liebenden sollten im Schneidersitz sitzen, einander zugewandt, wobei sich die Knie berühren. Legen Sie die linke Hand mit der Handfläche nach oben auf das linke Knie, während die rechte Hand das Gleiche mit der Handfläche nach unten auf dem rechten Knie tut. Jeder Partner sollte den Unterarm des anderen so umfassen, dass die nach unten gedrehte Handfläche auf der offenen Handfläche liegt und umgekehrt. Während Sie sich in dieser Position befinden, probieren Sie es mit dem Blick in die Seele. Schauen Sie sich ein paar Minuten lang gegenseitig in die Augen, ohne den Blick abzuwenden. Finden Sie einen Atemrhythmus, der für Sie beide angenehm ist, und versuchen Sie, Ihre Atemzüge zu synchronisieren. Bauen Sie Pausen in den gewählten Rhythmus ein und schätzen Sie diese heiligen Momente der Stille und vollständigen Präsenz.

Schritt 2 – Die Liebenden sollten nun ihre Beine öffnen, sodass sie gestreckt sind. Der weibliche Partner, oder derjenige, der sich für die weibliche Position entschieden hat, sollte seine Beine um den unteren Rücken des männlichen Partners legen. Rücken Sie zusammen, sodass beide Körper so nah wie möglich beieinander sind. Benutzen Sie Ihre Hände für zusätzlichen Hautkontakt. Die Liebenden können ihre Hände auf die Schultern, die Taille oder über das Herz des anderen legen. Achten Sie darauf, dass der Atemrhythmus aus Schritt 1 weiterhin befolgt wird. Bleiben Sie ein paar Minuten in dieser Position sitzen und genießen Sie das Gefühl der Intimität.

Schritt 3 – In diesem letzten Schritt begeben sich die tantrischen Partner schließlich in die offizielle Yab-Yum-Position. Achten Sie auf die energetischen Veränderungen, wenn Ihre Körper diese heilige Form einnehmen. Die weibliche Partnerin bewegt sich nun vollständig nach oben auf den Schoß ihres Partners, während der männliche Partner im Schneidersitz bleibt. Wenn sich das Timing richtig anfühlt, sollten sich die Stirnen berühren und die Arme können so um den Körper des anderen gelegt werden, wie es sich angenehm anfühlt.

Ob dies zu Sex führt oder nicht, bleibt ganz Ihnen überlassen. Dies ist ebenso eine erotische Position wie eine ruhige, ruhende Pose, die zwei Seelen auf tiefgreifende Weise mit liebevoller Energie nährt. Obwohl Yab-Yum traditionell von männlichen und weiblichen Energien spricht, sind Paare anderer sexueller Orientierungen natürlich nicht davon ausgeschlossen, diese Position einzunehmen. Maskuline und feminine Energien diktieren nicht notwendigerweise das Geschlecht; die Pose deutet nur die Vereinigung der Polaritäten an.

Die Möglichkeiten von Yab-Yum sind endlos. Genießen Sie sie.

Die besten Positionen für erstaunlichen tantrischen Sex

Nicht jede tolle Sexstellung ist perfekt für tantrischen Sex geeignet. Beim normalen Sex werden Positionen bevorzugt, die leicht und schnell einen Orgasmus auslösen, ohne dass darauf geachtet wird, ob sich die beteiligten Partner spirituell verbinden können. Um die Intimität zu gewährleisten, die für tantrischen Sex nötig ist, sollte die ideale Position so viel Hautkontakt wie möglich zulassen und es ihnen ermöglichen, sich beim Sex in die Augen zu schauen. Mit anderen Worten, Ihre Seele sollte niemals die Seele Ihres Liebhabers aus den Augen verlieren.

Versuchen Sie die folgenden Stellungen für umwerfenden tantrischen Sex.

Yab-Yum

Inzwischen werden Sie alles über die Yab-Yum-Pose wissen. Wie bereits erwähnt, kann Yab-Yum problemlos ohne eine sexuelle Konnotation durchgeführt werden – aber wenn Sie sich dafür entscheiden, etwas Sinnlicheres auszuprobieren, werden Sie bald sehen, dass die charakteristische Tantra-Pose kraftvolle Intimität in Ihr Liebesspiel bringt.

Yab-Yum steht für die Vereinigung von gegensätzlichen Energien und das Gleichgewicht, das diese bringen, wenn sie miteinander kombiniert werden. Wenn Sie und Ihr Partner sich in dieser Stellung lieben, stellen Sie sich Ihre Körper als ein schönes Yin-Yang-Symbol vor. Spüren Sie jede Stelle, an der Sie Hautkontakt haben, als eine Verbindung zwischen zwei Lebensenergien. Wenn sie ineinanderfließen, werden diese beiden Energien zu einer einzigen starken Kraft. Da diese Stellung viel Hautkontakt zulässt, werden weibliche Partner dies für alle ihre wichtigen erogenen Zonen als besonders anregend empfinden.

Sky Dancing

Die Sky-Dancing-Position ist eine kraftvolle Demonstration der erwachten weiblichen sexuellen Energie. Ähnlich wie bei der bekannten Reiterstellung sitzt die weibliche Partnerin beim Sky Dancing auf ihrem männlichen Liebhaber, wobei ihre Körper einander zugewandt sind. Während beim Sky Dancing weniger Hautkontakt besteht als bei anderen tantrischen Positionen, liegt der Fokus hier auf dem Blickkontakt und der Symbolik, die mit dieser erotischen Position verbunden ist.

Um die fließende Energie dieser Position zu verkörpern, bewegt die Frau ihre Hüften in einer kreisenden oder spiralförmigen Bewegung.

Wie in Yab-Yum symbolisieren die beiden Partner energetisch entgegengesetzte Extreme. Der männliche Partner ist still und linear, während sich seine Geliebte in ständiger, rhythmischer Bewegung befindet. In dieser Stellung hat die Frau die totale Kontrolle über ihr eigenes Vergnügen, während der Mann einfach die Aussicht genießen kann.

Löffelchenstellung

Lassen Sie sich nicht von der Einfachheit und Banalität dieser Sexstellung täuschen. Wenn sie in den tantrischen Sex integriert wird, bringt sie viel Hautkontakt und damit eine erhöhte Intimität. Das Thema der Löffelchenstellung ist der Schutz, symbolisiert dadurch, dass der männliche Partner die Frau von hinten hält und ihren Rücken abschirmt. Die Seele fühlt sich in dieser Pose genährt und diese Stellung fühlt sich besonders weich und unschuldig an, da beide Körper in einer Ruheposition liegen. Sie ist daher auch unglaublich romantisch.

Enger Doggy Style

Die normale Doggy-Style-Position kann sich oft etwas unpersönlich anfühlen, aber das muss nicht sein! Anstatt einfach nur die Hüften des empfangenden Partners zu umfassen, sollte sich der Gebende leicht nach vorne beugen und seine Haut mit der des Partners in Kontakt bringen. Dieser verstärkte Hautkontakt schafft sofort ein intimeres Erlebnis. Dies bietet einen angenehmen Winkel für den weiblichen G-Punkt und gleichzeitig ermöglicht diese veränderte Position ein Gefühl der Nähe. Wenn Sie daran arbeiten, Ihr Wurzel-Chakra auszugleichen, ist dies eine großartige Pose für Sie – sie öffnet dieses Energiezentrum und hilft Ihnen, Ihr inneres Gefühl der Sicherheit zu verstärken.

Von unten umarmt

In dieser Stellung liegt die Frau oder der empfangende Partner auf dem Rücken und hat die Beine in der Luft gekreuzt. Dies wird am besten auf der Kante eines Bettes oder einer anderen Oberfläche durchgeführt, da der Mann oder gebende Partner dann mit Sorgfalt und Leidenschaft hinter ihren Beinen in die Frau bzw. in den empfangenden Partner eindringen kann. Da die Beine zusammengepresst sind, kann die Frau ihre Vaginalmuskeln anspannen und diese vollständig kontrollieren – was für den gebenden Partner ein reizvolles Gefühl auslöst. Diese sinnliche Position ermöglicht viel Hautkontakt zwischen der gesamten Länge der Beine der Frau und dem Oberkörper des Mannes. Indem er ihre gekreuzten Beine festhält und durch die Öffnung schaut, können die Partner auch liebevollen Blickkontakt herstellen.

Unverzichtbare Ratschläge für tantrischen Sex abseits der üblichen Wege

1. Synchronisieren Sie Ihre Atmung

Es mag wie ein unbedeutendes Detail erscheinen, aber wenn zwei Liebende synchron atmen, kann dies wirklich das gesamte Erlebnis positiv beeinflussen. Es versetzt nicht nur beide Partner in einen entspannten und ruhigen Zustand, sondern es stößt auch den Prozess der Annäherung und der Verschmelzung zu einer Einheit an. Die Energie und der Atem des menschlichen Körpers sind untrennbar miteinander verbunden, sodass die vitalen Kräfte unseres Körpers durch diesen synchronisierten Akt dazu aufgefordert sind, einen kraftvollen Kreislauf mit denen unseres Partners zu bilden. Dadurch fühlen sich die Liebenden untrennbar miteinander und mit dem Universum um sie herum verbunden.

2. Lassen Sie sich auf ein langsames Tempo ein

Wenn Liebende erregt und voller Leidenschaft sind, beginnen sie, in einem schnelleren Tempo Sex zu haben. Das ist ganz natürlich, so wie wir auch eine Mahlzeit schnell essen, wenn wir sie köstlich finden. Wenn wir das tun, riskieren wir jedoch, in einen mechanischen Rhythmus zu verfallen, bei dem wir in kurzer Zeit so viel Reibung erzeugen, dass wir fast gefühllos werden. Beim tantrischen Sex ist es wichtig, präsent zu bleiben und jeden Moment auszukosten. Wir mögen den Drang verspüren, etwas, das wir lieben, schnell zu beenden, aber ob Sie es glauben oder nicht, ein langsameres Tempo führt zu größerer Lust. Wir können die Feinheiten genießen und uns im Moment verlieren. Anstatt eine Erfahrung zu erobern, müssen wir uns von ihr erobern lassen. Wenn Sie das Tempo beim Liebesspiel drosseln, werden Sie sich wahrscheinlich mehr mit Ihrem Partner verbunden fühlen. Außerdem: Wenn Sie ein Mann sind, halten Sie länger durch – das ist ein Gewinn für beide Liebhaber!

3. Stellen Sie Blickkontakt her

Wie das Sprichwort sagt, sind unsere Augen die Fenster zu unserer Seele. Stellen Sie während des tantrischen Sex Blickkontakt mit Ihrem Geliebten her, um mit seiner Seele verbunden zu bleiben. In traditionellen tantrischen Praktiken sollten wir, wenn wir in die Augen unseres Geliebten schauen, eigentlich in sein linkes Auge schauen, während er in unseres schaut. Das liegt daran, dass in östlichen Traditionen weithin behauptet wird, dass das linke Auge das empfängliche Auge ist. Indem sie einander in das linke Auge blicken, öffnen sich beide Partner und werden empfänglich für die Energie ihres Geliebten.

Dennoch ist der Blick in die Seele über das linke Auge völlig freiwillig. Auch normaler Blickkontakt ist kraftvoll. Wichtig ist, dass die Partner den Fokus aufeinander nicht verlieren und auf der gleichen Wellenlänge bleiben. Bitte beachten Sie, dass dies nicht bedeutet, dass beide Parteien einander ununterbrochen anstarren sollten! Sie können immer noch blinzeln, die Augen schließen oder für ein paar Momente zur Seite schauen. Lassen Sie sich auf einen angenehmen, liebevollen Blickkontakt ein und nicht auf einen Wettstarren.

4. Verzögern Sie Ihren Orgasmus

Bevor wir den Höhepunkt erreichen, gerät unser Körper in einen hochsensiblen Zustand. Sie kennen dieses Gefühl, nicht wahr? Für viele Menschen kann sich dieser Zustand am Rande des Orgasmus fast traumhaft anfühlen. Jede Berührung ist anders aufgeladen, fast so, als wäre sie elektrisch, und Sie sehnen sich nach dem kleinen Extra-Schub, der Sie zum Höhepunkt bringt. Manche Menschen finden sogar, dass sie sich in dieser Phase mit Menschen verbunden fühlen, mit denen sie sich normalerweise nicht verbunden fühlen. Für wirklich kraftvollen tantrischen Sex sollten Sie versuchen, so lange wie möglich in diesem Zustand zu bleiben. Diese gesteigerte Sensibilität für jede Empfindung ist genau das, worum es beim tantrischen Sex geht. Nehmen Sie sie an, halten Sie sie fest und lassen Sie nicht so schnell wieder los.

5. Berühren Sie Ihren Partner

Der Hautkontakt sollte sich nicht auf Unterleib und Oberkörper beschränken. Versuchen Sie, Ihre Hände aktiv einzusetzen. Greifen Sie, drücken und ziehen Sie, solange es Ihrem Partner nicht wehtut, an verschiedenen Stellen seines Körpers. Finden Sie Gefallen daran, seinen Körper unter Ihren Handflächen und Fingern zu spüren. Suchen Sie die Intimität dieses Hautkontakts. Berühren Sie verschiedene Körperteile Ihres Partners und genießen Sie, wie sich jeder Bereich anfühlt. Wie ist die Struktur der Oberfläche? Wie weich oder hart ist sie? Gibt es Haare in diesem Bereich, die Sie streicheln können? Wenn wir das tun, zeigen wir unserem Partner, dass wir ihn begehren. Das ist nicht nur höchst erregend, sondern kann auch die Liebe und die Verbindung zwischen zwei Personen vertiefen. Experimentieren Sie mit verschiedenen Berührungsarten und variieren Sie Tempo und Druck.

6. Experimentieren Sie mit verschiedenen sexuellen Stilen

Es mag bestimmte sexuelle Stile oder Stellungen geben, mit denen Sie sich am wohlsten fühlen, aber es wird Ihrer tantrischen Reise äußerst dienlich sein, wenn Sie Ihre Komfortzone verlassen. Probieren Sie Stellungen aus, von denen Sie immer dachten, sie seien zu seltsam oder zu wild, und erlauben Sie sich, auf eine Weise berührt zu werden, die Sie normalerweise nicht zulassen. Wenn wir uns auf etwas einlassen, das nicht zu unserer gewohnten Routine gehört, schärft das unsere Wahrnehmung und Achtsamkeit. Vor allem aber erlaubt es uns, unseren Horizont zu erweitern und neue Wege für eine liebevolle Verbindung mit unserem Partner zu entdecken. Tauchen Sie in sexuelle Bereiche ein, die Sie noch nie zuvor erkundet haben, dann wird Ihre tantrische Reise weiterhin spannend bleiben.

7. Gehen Sie zurück zum Vorspiel

Die meisten Menschen haben auf eine lineare Weise Sex. Sie beginnen mit dem Vorspiel, gehen zum Geschlechtsverkehr über und schießen dann auf ihren Höhepunkt zu. Wir mögen es, wenn alle Vorgänge einen klar definierten Anfang, eine Mitte und ein Ende haben. Und daran ist natürlich nichts falsch, denn es funktioniert. Aber für ein verbessertes sexuelles Erlebnis sollten Sie versuchen, dieses Muster zu durchbrechen. Versuchen Sie, vom Geschlechtsverkehr zurück zum Vorspiel zu gehen, und vielleicht sogar bis an den Rand des Orgasmus und dann wieder zurück zum Vorspiel. Sie sehen, wenn wir uns geradlinig vorwärtsbewegen, besteht eine Menge Druck bezüglich dessen, von einer Stufe zur nächsten zu kommen. Indem Sie die Reihenfolge ändern, nehmen Sie den Druck weg, in einer perfekten Abfolge vorgehen zu müssen, und genießen stattdessen einfach die Etappe, auf der Sie sich befinden.

8. Bleiben Sie präsent

Wir alle lassen unsere Gedanken beim Sex ab und zu schweifen. Ob es nun Befangenheit oder Vergleiche sind, die für das Abschweifen verantwortlich sind, das Ergebnis ist dasselbe: Sie haben aufgehört, präsent zu sein. Sobald Sie merken, dass Ihre Gedanken abschweifen, besinnen Sie sich auf die Situation zurück. Bleiben Sie mit Ihrem Partner in diesem Moment und konzentrieren Sie sich auf die körperlichen Empfindungen, die Sie erleben. Sobald wir uns ablenken lassen, lösen wir die tantrische Verbindung, die wir während des Liebesspiels aufgebaut haben. Das wird nicht nur für Sie weniger erfüllend, sondern beeinträchtigt auch die Erfahrung Ihres Partners. Bleiben Sie präsent und verbannen Sie alle nagenden Gedanken aus Ihrem Kopf.

9. Achten Sie auf die Energie Ihres Partners

Tantrischer Sex mag neu für Sie sein, aber konzentrieren Sie sich nicht nur auf sich selbst. Viele Neulinge sind so besorgt darüber, alles richtig zu machen, dass sie nie auf die Energie ihres Partners achten. Dabei ist das nicht so kompliziert, wie es klingt! Es bedeutet einfach, darauf zu achten, wie erregt er ist, wie sehr er eine bestimmte Stellung genießt, und herauszufinden, wie Sie diese für ihn noch tantrischer gestalten können. Beobachten Sie seinen Gesichtsausdruck und hören Sie auf die Geräusche, die er von sich gibt. Das wird Ihnen viel darüber verraten, wie er sich fühlt.

Obwohl dies genauso klingt wie das Präsentbleiben, ist es nicht dasselbe. Sie können zum Beispiel die Energie Ihres Partners wahrnehmen und von ängstlichen Gedanken darüber befallen werden, dass es ihm nicht gefällt. Sobald dies geschieht, sind Sie nicht mehr präsent. Wenn Sie den Verdacht haben, dass Ihr Partner nicht so erregt ist, wie er sein könnte, machen Sie sich keine Sorgen! Er ist fast so weit – Sie müssen nur noch mehr tantrische Techniken anwenden, um ihn ein wenig mehr anzutörnen. Lassen Sie los, bleiben Sie aufmerksam und arbeiten Sie auf eine stärkere Verbindung ohne Ablenkungen hin.

10. Nachspiel

Das Vorspiel führt Sie in den sexuellen Akt. Und wenn der Akt endet, hilft das Nachspiel den Liebenden, ihre Euphorie auf liebevolle Weise ausklingen zu lassen. Auch wenn der Sex vorbei ist, bedeutet das nicht, dass die ganze Erfahrung beendet ist. Komischerweise schalten viele Liebhaber mit Interesse an tantrischem Sex sofort ihr tantrisches Bewusstsein ab, sobald der Sex aufhört. Denken Sie daran, dass Tantra nicht nur für den Sex reserviert ist. Lassen Sie sich davon erfüllen, auch wenn der Akt beendet ist.

Anstatt Ihre Körper schnell voneinander zu lösen, erlauben Sie sich, die kraftvolle sexuelle Energie zu genießen, die Sie beide umgibt. Bleiben Sie in physischem Kontakt miteinander. Halten Sie sich gegenseitig, während die Energie beginnt, sich zu beruhigen und in Ihre Körper zurückkehrt. Bleiben Sie gemeinsam liegen, ehren Sie Ihre neu gestärkte spirituelle Verbindung und lassen Sie sich in einen entspannten Zustand fallen, der die Seele weiter nährt.

Tantra und Oralsex: Eine achtsame Erkundung

Wir haben ausführlich über die Bedeutung einer Verbindung beim tantrischen Sex gesprochen. Vielleicht fragen Sie sich, wie sich diese auf den anderen Eckpfeiler der sexuellen Lust auswirkt – den Oralsex. Die Meister des Tantra glauben fest an die einzigartige Kraft des Oralsex. Wenn wir unsere Lippen und Zunge benutzen, erleben wir unseren Geliebten auf eine etwas andere Art und Weise; wir sind in der Lage, ihn zu schmecken, ihn auf direkte Weise feucht zu machen und sein heiliges Organ an den Ort zu bringen, an dem wir uns selbst nähren.

Hier sind die wesentlichen Verhaltensregeln des tantrischen Oralsex. Bitte beachten Sie, dass alles in dieser Liste sowohl für Männer als auch für Frauen gilt.

Was Sie nicht tun sollten:

- **Ihren Partner nur zu befriedigen, damit er Sie ebenfalls befriedigt.** Dies ist ein großes Tabu beim Oralsex, ob er nun tantrisch ist oder nicht. Das Tückische daran ist, dass viele Leute es nicht merken, wenn sie diesen Fehler machen. Menschen, die so handeln, haben mit ihren Partnern keinen Oralsex, weil sie ihnen wirklich Freude bereiten wollen; sie tun es für den Handel. Sie wollen es hinter sich bringen, damit sie sich auf die Schulter klopfen können und endlich selbst an der Reihe sind. Das ist eine egoistische Art, an sexuelle Lust heranzuge-hen. Wenn Sie sich in dieser Denkweise wiederfinden, sollten Sie sich bemühen, Ihre Perspektive zu ändern.

- **Schnell und hart und ohne jede Technik vorzugehen.** Aus dem einen oder anderen Grund kann es vorkommen, dass ein Mann oder eine Frau ihren Liebhaber oral befriedigt, ohne dabei auf die Technik zu achten. Oftmals liegt das an man-gelndem Wissen – schließlich stellen Pornovideos guten Sex als hart und schnell dar und nicht anders. Selbst wenn Ihr Partner das genießt, ist das nicht der richtige Weg, sich dem tantri-schen Oralsex zu nähern. Beim Tantra geht es um das Erleben eines Spektrums von Empfindungen, und „hart und schnell" ist nur ein schmaler Ausschnitt aus diesem Spektrum. Ganz zu schweigen davon, dass es dadurch zudem mechanisch wird, und das ist das Gegenteil von Achtsamkeit. Führen Sie jedes Streicheln, Lecken oder Saugen sorgsam aus. Versuchen Sie, die Textur des heiligen Körperteils Ihres Liebhabers mit Ihren Lippen oder Ihrer Zunge wirklich zu genießen.

- **Sich zu ekeln.** Wenn es Sie abtörnt, Ihren Partner zu lecken, geben Sie ihm das nicht zu spüren. Und wenn Sie das nicht können, dann tun Sie es einfach nicht. Andernfalls kann dies sehr verletzend sein und wird sich wahrscheinlich auf den Rest Ihres Sexlebens auswirken. Am besten ist es jedoch, zu versu-chen, den Oralsex zu genießen und dabei zu lernen. Wenn Sie sich davor ekeln, dass Ihr Partner möglicherweise nicht sauber genug ist, sprechen Sie ihn vorsichtig darauf an, bevor Sie in-tim miteinander werden. Vielleicht können Sie ihm ein Bad mit ätherischen Ölen einlassen und dieses als sexy Überleitung zu Ihrem heißen Abend genießen.

Was Sie tun sollten

- **Ihren Partner um Erlaubnis fragen.** Wenn er bereit ist, mit Ihnen Geschlechtsverkehr zu haben, denken Sie vielleicht, dass die Zustimmung zum Oralverkehr selbstverständlich ist, aber diese Annahme ist oft falsch. Viele empfinden die Berührung der Genitalien mit dem Mund als viel intimer als alle anderen Bestandteile des Sex. Schließlich befinden sich die Augen, die Nase und die Lippen (starke sensorische Körperteile) direkt in Ihrem intimsten und heiligsten Bereich. Wenn es das erste Mal ist, dass Sie mit einem Partner intim werden, gehen Sie nicht davon aus, dass Sie sein Einverständnis für Oralsex haben. Fragen Sie ihn zuerst und warten Sie, bis Sie die Erlaubnis erhalten.

- **Ihren Atem benutzen.** Atemtechniken sind nicht die einzige Möglichkeit, wie man beim tantrischen Sex den Atem nutzen kann. Sie können Ihren Atem buchstäblich nutzen, um Ihren Partner direkt zu beglücken. Das fühlt sich bei Frauen am besten an, aber manche Männer mögen es ebenfalls. Das Ziel ist es, sachte auf und um die Genitalien Ihres Partners herum zu blasen. Tun Sie dies auf sanfte Art, sodass es sich fast wie eine leichte Berührung anfühlt. Blasen Sie auf den umliegenden Schambereich und entlang des Schafts Ihres Partners bzw. entlang der Vulva und Klitoris Ihrer Partnerin. Wenn Sie eine Frau befriedigen, versuchen Sie, kleine Kreise um ihre Klitoris zu blasen. Dieses sanfte Gefühl kann eine prickelnde Lust erzeugen. Eine optionale Übung besteht darin, sich vorzustellen, wie Sie ein sanftes rosa oder weißes Licht um die Genitalien Ihres Partners blasen.

- **Ihre Hände benutzen.** Es gibt keinen Grund, sich auf eine Methode des Hautkontakts zu beschränken. Es gibt vieles, was Ihre Hände und Finger tun können, während Ihr Mund das Kommando übernimmt! Das erweitert die Bandbreite der Empfindungen Ihres Partners und erlaubt Ihnen, seinen heiligen Bereich vollständig zu entdecken. Wenn Sie einen Penis befriedigen, halten und streicheln Sie mit Ihrer Hand den Schaft, während Sie an der Eichel lecken oder saugen. Und wenn Ihr Partner weiblich ist, können Sie mit Ihren Fingern in ihre Vagina eindringen und ihren G-Punkt reiben, während Sie ihre Klitoris bearbeiten. Sie können auch den Anus stimulieren, wenn Ihre Partnerin damit einverstanden ist. Die Möglichkeiten sind endlos!

- **Ihre Zunge und Lippen benutzen.** Wenn Sie einen Penis befriedigen, dann benutzen Sie wahrscheinlich schon Ihre Lippen, aber machen Sie auch Gebrauch von Ihrer Zunge? Während Sie mit Ihrem Mund am Schaft auf- und abfahren, versuchen Sie, mit Ihrer Zunge die Spitze des Penis zu stimulieren.

  Bei der Vagina ist es umgekehrt: Die Zunge wird immer benutzt, aber die Lippen kommen selten ins Spiel. Anstatt die Klitoris nur zu lecken, saugen Sie ein wenig an ihr. Benutzen Sie Ihre Lippen und Ihre Zunge, um die Klitoris Ihrer Geliebten vollständig zu umschließen und ihr überwältigende Lust zu bereiten.

  Und egal, welches Geschlecht Ihr Liebhaber hat, es ist immer wichtig, mit den Zähnen vorsichtig zu sein! Manche mögen ein leichtes Necken mit den Zähnen, aber alles, was darüber hinausgeht, wird wahrscheinlich schmerzhaft sein. Verwenden

Sie jeden Teil Ihres Mundes, um verschiedene Arten von Lust zu erzeugen, aber achten Sie auf das, was sich seltsam oder unangenehm anfühlen könnte.

- **Wenn möglich, Blickkontakt herstellen.** Wenn Sie weiter unten am Körper Ihres Partners sind, bedeutet das nicht unbedingt, dass Sie ihm nicht in die Seele blicken können. Wenn Sie Ihren Partner ansehen, während Sie ihn verwöhnen, ist das ein sicherer Weg, um die sexuelle Spannung zu erhöhen. Beobachten Sie, wie Ihr Partner auf jede Technik reagiert, die Sie anwenden. Sagen Sie ihm oder ihr mit Ihren Augen, wie sehr Sie seinen oder ihren Geschmack lieben – und wie sehr Ihr Mund seinen *Lingam* oder ihre *Yoni* liebt. Wenn Sie Ihren Partner in einem Winkel befriedigen, der es schwierig macht, ihn anzuschauen, dann erzwingen Sie es nicht, da das Ergebnis für beide Personen unangenehm sein könnte.

- **Mit Ihrem Partner sprechen.** Versuchen Sie nicht, es mit dem Penis im Mund oder mit der Zunge an der Vagina zu tun – das könnte eher lustig als erotisch wirken. Ziehen Sie sich stattdessen ab und zu zurück, um etwas Erregendes zu sagen. Sie könnten ihrem Partner zum Beispiel sagen, wie sehr Sie sich danach sehnen, dass er in Sie eindringt, bzw. Ihrer Partnerin, wie sehr Sie in sie eindringen wollen. Was Sie Ihrem Partner sagen, wird sein Gefühl der sexuellen Erregung nur noch steigern, und er wird sich noch mehr nach Ihrer Berührung sehnen. Schließlich verzögern Sie seine Befriedigung, indem Sie sich ab und zu zurückziehen. Nutzen Sie das Sprechen als Mittel, um seinen Höhepunkt hinauszuzögern und um ihn in einem Zustand tranceartiger Ekstase zu halten.

Sie werden göttlichen Sex erkennen, wenn Sie ihn endlich erleben. Mit dem richtigen Partner und der Bereitschaft zur spirituellen Entwicklung werden Sie erkennen, dass Magie kein Mythos ist – sie ist überall um uns herum und wartet nur darauf, mit einem offenen tantrischen Auge entdeckt zu werden.

KAPITEL 5:
Das große O

Hier ist ein bekanntes Sprichwort, von dem Sie wahrscheinlich schon gehört haben: Der Weg ist das Ziel. Diejenigen, die sich mit tantrischem Sex beschäftigen, verstehen, was das wirklich bedeutet – ein Orgasmus mag die intensivste Lust entfachen, aber es ist das Necken, das Vorspiel, die Intimität und der Prozess, mit einer anderen Person einen gemeinsamen Rhythmus zu finden, der die ganze Erfahrung bereichert. Der Orgasmus, den Sie mit jemanden hatten, mit dem Sie zusammen waren, ist nicht das Erste, woran Sie sich später erinnern werden; es ist vielmehr alles andere und insbesondere die Momente, die Sie zu diesem Punkt geführt haben.

Um den reichen Lohn des tantrischen Orgasmus zu ernten, ist es von entscheidender Bedeutung, dass Sie diese Lektion verinnerlichen. Dieses Kapitel birgt die Geheimnisse dazu, wie man intensive, kraftvolle Orgasmen produziert, und wer sich zu sehr auf den Orgasmus freut, riskiert, in sein nächstes Liebesspiel mit einer egoistischen Einstellung hineinzugehen. Nicht jeder ist bereit für diese tantrischen Geheimnisse – wenn sie entdeckt und mit Nachlässigkeit ausgeführt werden, können sie das Vergnügen Ihres Partners beeinträchtigen.

Im Tantra ist ein Orgasmus weit mehr als nur eine Befreiung oder ein „Abspritzen", wie man heutzutage sagt. Der Orgasmus bringt den Geist und die Seele in einen erweiterten Bewusstseinszustand. Während des Orgasmus existieren die Beschränkungen des Geistes nicht mehr und er wird in gewisser Weise grenzenlos. Viele Tantra-Meister glauben auch, dass, wenn der Körper zum Höhepunkt kommt, für einen Moment ein „Tod" des Egos eintritt. Alle widerstreitenden Energien, die in jedem menschlichen Geist existieren, werden schließlich eins und der Geist kehrt in einen wahrhaft reinen Zustand zurück.

Die Entdeckung des Energieorgasmus

Orgasmus und Berührung gehen oft Hand in Hand, aber ob Sie es glauben oder nicht, sie müssen es nicht immer. Es ist durchaus möglich, sich selbst durch die schiere Kraft des Tantra und den Willen des eigenen Geistes zum Höhepunkt zu bringen, ohne dass man dazu einen Liebhaber braucht. Wenn dies geschieht, nennen wir es einen Energie-Orgasmus.

Energie-Orgasmen führen den sexuellen Höhepunkt über den Körper und das Physische hinaus. Er enthält einen energetischen Fluss und arbeitet stark mit den Energiezentren des Körpers, den Chakren. Da Energie-Orgasmen aus solch tiefen körperlichen Kräften stammen, können diese Höhepunkte unglaublich intensiv und weitaus lustvoller als normale Orgasmen sein.

1. **Meistern Sie tantrische Atemtechniken.** Es gibt einen Grund, warum wir in einem vorigen Kapitel mächtige Atemübungen behandelt haben; Sie werden sie auf dem Weg zur vollkommenen Beherrschung des Tantra oft brauchen. Um einen Ener-

gieorgasmus zu entfachen, ist es notwendig, Ihren Energiefluss fest im Griff zu haben. Und da Ihr Atem das Werkzeug zur Beeinflussung Ihrer Energie schlechthin *ist*, müssen Sie oft zu Ihrer Atmung zurückkehren, wenn Sie sich dabei ertappen, wie Sie vom Kurs abschweifen.

2. **Lernen Sie, wie Sie Ihren Geist befreien können.** Manchmal stecken die größten Hindernisse, denen wir gegenüberstehen, in unserem eigenen Kopf. Wir könnten uns inmitten eines unglaublichen Moments in unserem Leben befinden, aber wenn wir unsere nagenden, ängstlichen Gedanken oder unsere tief sitzenden Sorgen nicht abschütteln können, bröckelt unsere Freude daran augenblicklich. Da Sex ein so intimer Akt ist, ist es normal, dass vorher oder währenddessen Ängste auftauchen. Um den vollen Nutzen aus einer tantrischen Erfahrung zu ziehen, ist es entscheidend, dass Sie lernen, Ihren Geist zu befreien. Dies ist eine wesentliche Fähigkeit, um zu lernen, wie man einen Energieorgasmus erzeugt. Wenn Sie meditieren, dann haben Sie bereits einige hilfreiche Mittel an der Hand. Wenn nicht, sollten Sie sich jeden Tag mindestens fünf Minuten Zeit nehmen, um in der Stille zu sitzen, Ihren Kopf freizubekommen und sich nur auf Ihren Atem zu konzentrieren. Anfänger haben bei ihren ersten Versuchen, den Geist zu entleeren, häufig Schwierigkeiten, aber Sie werden es lernen!

3. **Gewöhnen Sie sich daran, jede Empfindung und jedes Gefühl anzunehmen.** Dies wird Ihnen leichter fallen, sobald Sie Schritt zwei gemeistert haben. Anstatt sich selbst zu zwingen, sich auf eine bestimmte Weise zu fühlen, genießen Sie jeden leichten Rausch und jedes Kribbeln in Ihrem Körper. Wenn

Sie sich jeder Empfindung hingeben, kann sich sogar die Luft, die aus Ihrer Lunge strömt, oder das Blut, das durch Ihre Adern fließt, angenehm anfühlen. Genießen Sie mit einem leeren Geist und ohne Erwartungen die Energie, die durch Ihren Körper fließt. Zwingen Sie diesen Fluss nicht in eine bestimmte Richtung, lehnen Sie sich einfach zurück und nehmen Sie ihn an.

4. **Lassen Sie sich von dieser Energie tragen, bis Sie die Erlösung erreichen.** Wenn Ihnen der dritte Schritt gelingt, kommt der vierte viel natürlicher. Irgendwann kommen Sie an einen Punkt, an dem das Kribbeln zunimmt. Lassen Sie es ansteigen und folgen Sie ihm bis zum Ende. In diesem Stadium ist es wichtig, dass Sie nicht ungeduldig werden. Das Wissen, dass es funktioniert, kann oft dazu führen, dass man versucht, sich bis an den Rand zu treiben, aber dieser Versuch geht meist nach hinten los. Erlauben Sie den Gefühlen, sich in ihrem eigenen Tempo zu entwickeln.

5. **Lassen Sie sich gehen und empfangen Sie alles.** Wenn Sie spüren, dass es aufsteigt, halten Sie sich nicht zurück. Erlauben Sie diesem Gefühl, seinen Höhepunkt zu erreichen und Sie vollständig auszufüllen. Erinnern Sie sich gleichzeitig daran, es nicht zu erzwingen, und geben Sie stattdessen weiterhin die Kontrolle ab. Reiten Sie auf diesen Wellen der Lust, atmen Sie weiter und geben Sie sich diesem Genuss so lange hin, wie Sie wollen. Ein Energieorgasmus hat das Potenzial, viel länger zu dauern als ein Körperorgasmus. Geben Sie die Kontrolle ab und lassen Sie sich von diesen Empfindungen mitreißen.

Ein möglicher Nebeneffekt, wenn Sie sich für den Energie-Orgasmus öffnen, ist das Wiedererwachen bestimmter Emotionen, die Sie zu unterdrücken versucht haben. Damit der Energie-Orgasmus erfolgreich sein kann, müssen emotionale und mentale Blockaden beseitigt werden. Und es ist nicht ungewöhnlich, dass Menschen von verdrängten Erinnerungen oder Gefühlen überflutet werden, wenn dies geschieht.

Wenn Ihnen das passiert, lassen Sie sich nicht entmutigen. Sie können entweder diese Gefühle erforschen und den Energieorgasmus versuchen, wenn Sie mehr Zeit hatten, sie zu verarbeiten, oder Sie können trotz dieser Gefühle weitermachen. Es gibt keinen richtigen Weg und die Entscheidung liegt bei Ihnen. Wenn Sie sich für Letzteres entscheiden, achten Sie darauf, dass Sie Ihre Atemtechniken anwenden und jedes kleine Kribbeln durch Ihren Körper fließen lassen. In solchen Situationen kann es oft hilfreich sein, sich nur auf das Körperliche zu konzentrieren und den Kopf auszuschalten.

Wie Sie mit Tantra Ihre Orgasmen intensivieren

- **Edging**

Wenn Sie sich selbst an den Rand des Orgasmus bringen und dann aufhören oder das Tempo verringern, nennt man das Edging. Es ist eine wichtige Technik, um Ihren Orgasmus hinauszuzögern, und kann bei fortgesetzter Anwendung einen sehr intensiven Höhepunkt auslösen. Sowohl Männer als auch Frauen können ihre Orgasmen auf diese Weise steigern. Viele behaupten sogar, dass Edging die sexuelle Erregung bis zum Punkt der Euphorie steigert. Diese Technik wird am häufigsten bei der Selbstbefriedigung eingesetzt, kann aber auch mit einem Partner eine unglaubliche Erfahrung sein. Männer werden feststellen, dass Edging ihre sexuelle Ausdauer stark verbessert – eine effektive Lösung gegen eine vorzeitige Ejakulation.

- **Stimulieren Sie mehrere erogene Zonen**

In einem vorherigen Kapitel haben Sie etwas über die vielen erogenen Zonen des Körpers gelernt. Die Genitalien, der Anus und die Brustwarzen sind einige der offensichtlichsten Zonen, aber es gibt auch weniger bekannte, wie den Hals, die Ohren und die Innenseiten der Oberschenkel. Je mehr empfindliche Bereiche Sie gleichzeitig stimulieren können, desto intensiver wird der Orgasmus sein. Der stimulierte Liebhaber wird von der Lust völlig überwältigt und spürt sie durch viele verschiedene Bereiche seines Körpers. Jeder Mensch wird anders auf die Stimulation verschiedener erogener Zonen reagieren. Probieren Sie sie alle an Ihrem Partner und in verschiedenen Kombinationen aus. Achten Sie auf die Geräusche, die Ihr Liebhaber macht, dann werden Sie bald die richtige Kombination finden!

- **Verwenden Sie mehrere Formen der Stimulation**

Dies kann durchaus mit dem vorherigen Tipp einhergehen. Wer sagt, dass man jemanden nur mit den Genitalien und den Fingern sexuell stimulieren kann? Und wer sagt, dass Sie es nur auf eine bestimmte Art und Weise tun können? Um die Intensität Ihres Orgasmus zu steigern, mischen Sie verschiedene Stimulationsmethoden und versuchen Sie, sie auf mehrere Arten gleichzeitig anzuwenden. Sexspielzeug, vor allem Vibratoren, sind eine großartige Möglichkeit, neue Empfindungen für den Körper zu erzeugen. Und vergessen Sie nicht Ihre Lippen und Zunge! Probieren Sie aus, wie viele verschiedene Formen der Stimulation Sie bei Ihrem Partner anwenden können, und beobachten Sie, wie er von anhaltenden Orgasmen erschüttert wird.

- **Machen Sie Kegel-Übungen**

Wenn Sie dachten, dass Kegel-Übungen nur für Frauen sind, haben Sie sich schwer getäuscht. Sowohl Männer als auch Frauen können ihr Sexualleben und ihre Orgasmen verbessern, indem sie ein Kegel-Training durchführen. Es handelt sich hierbei um einfache Übungen zur Stärkung und Kontrolle der Beckenbodenmuskulatur, die für viele Schlüsselfunktionen in diesem Bereich des Körpers essenziell ist. Dazu trainieren Sie die Muskeln, die Sie normalerweise benutzen, um sich vom Urinieren abzuhalten. Für einen Übungsblock spannen Sie diese Muskeln zehnmal hintereinander an und entspannen sie wieder. Wenn Sie diese Übungen fortlaufend praktizieren, werden zukünftige Höhepunkte stärker – und das sind noch nicht alle Vorteile. Frauen, die Kegel-Übungen praktizieren, haben nach einer Schwangerschaft seltener Probleme mit Inkontinenz. Männer können länger erigiert bleiben und verringern gleichzeitig die Wahrscheinlichkeit einer vorzeitigen Ejakulation.

- **Atmen Sie tief ein und aus**

Das mag wie ein seltsamer Tipp erscheinen, aber er funktioniert! Die Kraft des Atems ist ein wichtiges Element im Tantra, und das aus gutem Grund. Wenn wir beim Sex tief ein- und ausatmen, spannen wir unsere Beckenbodenmuskeln mehr an. Dies kann zu intensiven Orgasmen führen, die unseren ganzen Körper ausfüllen. Wenn Sie das nächste Mal kurz vor dem Höhepunkt stehen, fangen Sie an, tief in Ihren Unterbauch zu atmen. Sie werden überrascht sein, wie viel Kraft dies Ihrem Orgasmus verleiht!

Die tantrische Technik, die multiple Orgasmen bei Männern auslöst

Der weibliche Orgasmus mag schwer fassbar sein, aber eine Sache, die Frauen Männern voraushaben, ist die Fähigkeit, mehrere Orgasmen zu haben – das denken zumindest die meisten Leute. Doch so unglaublich es auch klingt, Männer können in einer Liebesnacht durchaus mehr als einen Orgasmus haben. Der Orgasmus und die männliche Ejakulation sind eigentlich zwei getrennte Prozesse, die zufällig gleichzeitig ablaufen. Mit Geduld, Geschick und Entschlossenheit können Sie den einen ohne den anderen auslösen.

Die folgende Technik ist ein tantrisches Geheimnis, das dafür bekannt ist, die männliche Lust zu steigern und die Tür zu multiplen Orgasmen zu öffnen.

Die Lingam-Massage

Lingam ist das Sanskrit-Wort für den Penis. In der tantrischen Philosophie nähern wir uns diesem Körperteil mit größtem Respekt – genauso wie der Vagina, die im Sanskrit als *Yoni* bekannt ist.

So, wie der Name besagt, ist die Lingam-Massage eine tantrische Sexualpraktik, bei der der Penis massiert wird. Die Massage weist jedoch wesentliche Unterschiede zu einem normalen Hand-Job auf. Zunächst einmal wird bei der Lingam-Massage nicht nur der Penis allein stimuliert, sondern es werden auch andere männliche erogene Zonen mit einbezogen. Das Perineum, die Hoden und die Prostata (der männliche G-Punkt) werden bei dieser tantrischen Praxis ebenso berücksichtigt. Durch die Einbeziehung dieser weiteren empfindlichen Bereiche kann sich der Empfangende der Lingam-Massage von der Welle seines ersten Orgasmus zu weiteren, aufeinanderfolgenden Orgasmen tragen lassen.

Befolgen Sie diese Richtlinien, um einem Mann das Geschenk multipler Orgasmen zu machen.

· Schritt 1: Entspannung

Der erste Schritt besteht darin, die Sinne zu beruhigen und sich zu entspannen. Idealerweise sollte sich der Partner, der massiert wird, auf den Rücken legen. Das kann überall sein, solange er sich dabei vollkommen wohlfühlt. Verwenden Sie ruhig Kissen, um die Erfahrung entspannender zu machen. Zum Beispiel könnte ein Kissen unter den Kopf oder die Hüften gelegt werden.

· Schritt 2: Positionierung

Da die Lingam-Massage mehr als eine männliche erogene Zone anspricht, ist es wichtig, dass der gebende Partner leichten Zugang zu diesen empfindlichen Stellen hat. Um sich in Position zu bringen, sollte der empfangende Partner die Beine gespreizt und idealerweise die Knie angewinkelt haben. Solange der Gebende das berühren kann, was berührt werden muss, können Sie diese Position auch verändern und nach Bedarf anpassen, denn die Bequemlichkeit ist dabei von größter Bedeutung.

· Schritt 3: Atmen

Inzwischen wissen Sie, wie wichtig die Atmung ist. Nachdem Sie sich entspannt und die richtige Position gefunden haben, ist es an der Zeit, sich auf diese zu konzentrieren. Sowohl der Gebende als auch der Empfangende sollte darauf achten, tiefe Atemzüge zu nehmen. Die Partner sollten sich vorstellen, dass sie mit jedem Einatmen Lust empfangen und mit jedem Ausatmen liebevolle Energie aussenden. Eine optionale Übung besteht darin, die Atmung zu synchronisieren, während Sie an dieser Visualisierung arbeiten.

Im weiteren Verlauf der Massage sollte der Gebende den Empfangenden daran erinnern, tief ein- und auszuatmen und sich zu entspannen, besonders wenn er sich vor lauter Lust verkrampft.

· Schritt 4: Gleitmittel

Gleitmittel eröffnen bei jedem Liebesspiel neue Möglichkeiten der Lust. Während einer Lingam-Massage sind sie sogar noch wichtiger. Und warum? Weil der Gebende neue Bereiche stimuliert, die es dringend nötig haben! Es gibt eine Vielzahl von Gleitmitteln, aus denen Sie wählen können. Von natürlichen und biologischen Optionen wie Kokosnussöl bis hin zu in der Drogerie gekauften Gleitmitteln. Achten Sie bei der Auswahl in Bezug auf Duft und Konsistenz auf die Vorlieben beider Partner und natürlich auch auf Ihr Budget. Wofür auch immer Sie sich entscheiden, stellen Sie sicher, dass es für die Anwendung an den Genitalien geeignet ist. Verwenden Sie nicht einfach irgendein Massageöl bzw. irgendeine Lotion. Wenn Sie sich für ein Produkt entschieden haben, dann verteilen Sie das Gleitmittel über den gesamten Penis und die Hoden des Empfangendem.

· Schritt 5: Leichte Massage

Bevor Sie Ihre Aufmerksamkeit dem Lingam zuwenden, schenken Sie den Bereichen um ihn herum etwas Liebe. Gleiten Sie mit Ihren gut geölten Handflächen an den Hüften, Oberschenkeln und Innenseiten der Oberschenkel auf und ab. Während Sie dies tun, können Sie Ihrem

Partner Komplimente machen oder etwas sagen, von dem Sie wissen, dass es ihn noch mehr entspannt. Was auch immer Sie tun, nehmen Sie keinen Kontakt mit dem Lingam auf, bevor Sie mit diesem Schritt fertig sind.

Nähern Sie sich nach den umliegenden Bereichen mehr den erogenen Zonen. Massieren Sie das Schambein und das Perineum und anschließend langsam die Hoden Ihres Partners. Es ist sehr wichtig, dass dies mit äußerster Sanftheit geschieht, da es ein sehr empfindlicher Bereich ist. Wenn Sie es noch nicht wissen, fragen Sie Ihren Partner, wie er hier berührt werden möchte. Dies variiert von Person zu Person. Solange es für den Empfangenden angenehm ist, experimentieren Sie mit verschiedenen Arten, die Hoden zu massieren. Versuchen Sie es mit sanftem Streicheln, liebkosen Sie sie oder legen Sie Ihre Hand darum.

· Schritt 6: Der Lingam

Wenn Sie mit der leichten Massage fertig sind, stehen die Chancen gut, dass Ihr Liebhaber viel erregter ist und wahrscheinlich mehr will. Und genau das wird er jetzt bekommen! Sie haben alle Bereiche rund um den empfindlichsten Teil erregt und es ist jetzt an der Zeit, dem Lingam endlich die lang ersehnte Massage zu geben. Bewegen Sie Ihre geölten Hände zum Schaft Ihres Liebhabers.

Experimentieren Sie während der Massage mit verschiedenen Möglichkeiten, den Lingam zu stimulieren. Versuchen Sie z. B., die Geschwindigkeit zu ändern, oder verwenden Sie eine Hand, dann beide Hände. Variieren Sie den Druck von leichter bis fester, aber achten Sie darauf, dass Sie nicht *zu viel* Druck ausüben. Wenn Sie sich nicht sicher sind, was sich gut anfühlt, können Sie Ihren Partner bitten, Ihnen zu zeigen, welche Art von Druck für ihn noch angenehm ist.

Haben Sie vor allem Spaß an diesem Schritt und achten Sie auf das Feedback des Empfangenden. Damit ist nicht unbedingt verbales Feedback gemeint – jeder Ton oder jedes Geräusch, das Ihr Liebhaber macht, verrät Ihnen, was er genießt. Versuchen Sie, zu bemerken, was die lautesten oder hemmungslosesten Geräusche der Lust hervorruft. Behalten Sie dies im Hinterkopf und kehren Sie in regelmäßigen Abständen zu diesen Techniken zurück.

· Schritt 7: Am Rande

Natürlich wird der Empfangende an den Punkt kommen, an dem er kurz vor dem Orgasmus steht. Wenn Sie auf die Geräusche und seine Atmung achten, sollten Sie in der Lage sein, zu erkennen, wann sich dieser Punkt nähert. Wenn das passiert, ist es wichtig, dass Sie dem Empfangenden nicht erlauben, zum Höhepunkt zu kommen. Der Spaß ist erst zur Hälfte vorbei! Tun Sie, was nötig ist, um Ihren Partner vom Rande des Orgasmus wegzubringen. Das kann bedeuten, dass Sie langsamer werden, ihm sagen, dass er atmen soll, oder für ein paar Sekunden aufhören; je nachdem, wie nah er dem Höhepunkt ist.

· Schritt 8: Das Perineum

Ihr Liebhaber hat vielleicht keine Erfahrung mit der Stimulation des G-Punkts, und das ist in Ordnung. Wenn dies der Fall ist, können Sie diesen Schritt gerne überspringen und mit dem nächsten fortfahren.

Um sich auf den G-Punkt vorzubereiten, ist es jedoch sehr ratsam, dass Sie mit der Massage des Dammes des Empfangenden beginnen. Dies ist der Bereich zwischen dem Anus und den Hoden. Tasten Sie sanft nach einer kleinen Einbuchtung. Die Größe der Vertiefung ist unterschiedlich und kann so klein wie ein Zehncentstück oder so groß wie ein Zweieurostück sein. Wenn Sie diese spezielle Stelle gefunden haben, drücken Sie sie ein wenig nach innen. Sprechen Sie mit Ihrem Partner darüber, welche Art von Druck sich gut anfühlt. Wenn es sich unangenehm anfühlt, egal welche Art von Druck Sie ausüben, dann drücken Sie vielleicht auf die falsche Stelle.

Wenn Sie sicher sind, dass Sie die richtige Stelle gefunden haben, massieren Sie sie in kreisenden Bewegungen oder auf eine andere Weise Ihrer Wahl. Finden Sie einen Rhythmus, in dem Sie massieren, dann aufhören und wieder massieren. Wenn Ihr Liebhaber in diesem Bereich viele Haare hat, achten Sie darauf, dass Ihre Finger gut geölt sind, und benutzen Sie mehr Öl, wann immer es nötig ist.

· Schritt 9: Der G-Punkt

Hoffentlich ist Ihr Liebhaber jetzt bereit für eine intensivere Massage. Es ist völlig normal, ein wenig nervös zu sein, aber stellen Sie sicher, dass dies nicht zu einer Verkrampfung oder Anspannung des Körpers führt – dadurch wird es schwierig und möglicherweise unangenehm, den männlichen G-Punkt zu erreichen. Wenn der Empfangende zu zögerlich ist und nicht endgültig sein Einverständnis für eine Massage des Inneren gibt, ist es wichtig, dass er nicht dazu gezwungen wird, mit dem Akt fortzufahren. Haben Sie in diesem Fall Spaß an den anderen Schritten und kommen Sie zu diesem zurück, wenn die Zeit reif ist. Es gibt keine Eile!

Wenn sich beide Parteien bereit fühlen, sollte der Gebende seine Hände noch einmal richtig einölen. Wenn Ihre Fingernägel lang sind oder zackige bzw. scharfe Kanten haben, dann schneiden Sie sie – zumindest die Nägel des Zeige- und Mittelfingers Ihrer bevorzugten Hand.

Beginnen Sie damit, den Anus des Empfangenden mit einer sanften und langsamen, kreisenden Bewegung entlang des äußeren Randes vorzubereiten. Verteilen Sie das Öl oder ein anderes Gleitmittel um diesen Bereich herum. Stecken Sie nicht unangekündigt Ihren Finger hinein, denn das kann dazu führen, dass sich Ihr Partner zusammenkrampft und dies Schmerzen verursacht. Bevor Sie in seinen Körper eindringen, fragen Sie ihn, ob er bereit für mehr ist. Wenn er ja sagt, führen Sie vorsichtig eine Fingerspitze in seinen Anus ein. Gehen Sie dabei schrittweise vor und bewegen Sie die Fingerspitze sanft hin und her. Ziel ist es, den Empfangenden locker zu machen und ihn an das Gefühl zu gewöhnen. Der G-Punkt, auch Prostata genannt, ist ein walnussgroßer Bereich, der sich etwa zwei bis drei Zentimeter tief im Anus befindet – arbeiten Sie sich langsam dorthin vor!

Wenn Ihr Partner endlich bereit für die volle Stimulation des G-Punkts ist, „melken" Sie diesen Bereich, indem Sie in einer „Komm her"-Bewegung mit Ihrem Finger wackeln. Solange der Empfangende keinen Widerstand leistet, indem er sich verkrampft, wird dies ein extremes Maß an Lust erzeugen, das ihn wahrscheinlich bis zum Höhepunkt treibt.

· Schritt 10: Abschluss/Übergang

Wie Sie die Lingam-Massage beenden, bleibt ganz Ihnen überlassen. Sie haben die Wahl, ob Sie Ihren Geliebten seinen überirdischen Orgasmus erreichen lassen oder ob Sie zum Geschlechtsverkehr übergehen. Wenn Ihr Partner in tantrischem Sex geübt ist, ist er vielleicht sogar in der Lage, seinen Körperorgasmus in einen atemberaubenden Energieorgasmus zu verwandeln.

Das tantrische Geheimnis, das alle Frauen kennen müssen

Diese uralte Technik ist bei vielen Praktizierenden des Tantra als „Melken" bekannt. Dadurch wird nicht nur die Vagina gestrafft und intensivere Orgasmen (vor allem Energieorgasmen) erzeugt, sondern es hilft auch, das Sakral-Chakra zu revitalisieren. Frauen, die die folgende Praxis regelmäßig anwenden, werden feststellen, dass multiple Orgasmen leichter zu erreichen sind, und in jeder Hinsicht mehr Kontrolle über ihre eigene Lust gewinnen. Wenn Sie planen, Kinder zu bekommen, seien Sie versichert, dass es auch dabei hilft, Ihre lebenswichtigen Organe während der Geburt zu schützen.

- Zunächst spannen Sie Ihre Vaginalmuskeln an. Sie werden dies in drei Schritten tun. Spannen Sie die Muskeln jedes Mal etwas mehr an. Nach dem dritten Mal kehren Sie zu der leichtesten Anspannung zurück.

- Wiederholen Sie dies ein paar Mal oder bis Sie tief in Ihrer Vagina etwas mehr Druck spüren. Dies ist ein Zeichen dafür, dass sich endlich Orgasmus-Energie aufgebaut hat.

- Visualisieren Sie diese Energie in den Tiefen Ihrer Vagina als Schlange. Stellen Sie sich vor Ihrem geistigen Auge vor, wie sie sich über Ihre Wirbelsäule nach oben bewegt, bis sie schließlich den Scheitel Ihres Kopfes erreicht.

- Stellen Sie sich vor, dass die Schlange am Scheitelpunkt schließlich auf ihren Gefährten trifft – ein Spiegelbild oder eine Umkehrung der Schlange. In einer perfekten Vereinigung wandern beide Schlangen wieder die Wirbelsäule hinunter, bis hin zur Basis, wo alles begann.

Diese Visualisierungsübung ist hervorragend geeignet, um alle Chakren zu öffnen und den Geist zu energetisieren. Es kann sogar sein, dass danach ein strahlendes Leuchten von Ihnen ausgeht – eine natürliche Reaktion auf die Erweckung solch kraftvoller orgasmischer Energie. Zudem sind Ihr Beckenboden und Ihre Vaginalwände nach dieser Übung gestärkt.

Zur schnellen Stärkung der Vagina können Sie auch die folgenden Übungen in Ihre Routine einbauen:

1. Erinnern Sie sich an das dreiteilige Anspannen? Spannen Sie hier die Muskeln Ihrer Vagina und Ihres Anus an, so, als ob Sie sie nach oben in Ihren Körper ziehen würden. Tun Sie dies so fest wie möglich, halten Sie es für zwei Sekunden und lassen Sie dann los. Machen Sie 20 bis 50 Wiederholungen pro Satz, je nach Bedarf. Achten Sie darauf, dass Sie zwischen den Wiederholungen eine Sekunde warten.

2. Spannen Sie die gleichen Muskeln wie bei der vorherigen Übung an, aber diesmal so langsam wie möglich. Halten Sie dies 15 Sekunden lang, so fest Sie können. Lösen Sie dann langsam die Spannung und lassen Sie die Muskeln allmählich entspannen. Führen Sie pro Satz zwischen zehn und 25 Wiederholungen durch und machen Sie maximal vier Sätze pro Tag. Versuchen Sie, zwischen den einzelnen Wiederholungen fünf Sekunden zu warten.

3. Wie bei der vorherigen Übung spannen Sie Ihre Vaginal- und Analmuskeln langsam an und ziehen sie so stark wie möglich ein. Halten Sie dies diesmal so lange wie möglich, aber nicht länger als eine Minute am Stück, bevor Sie wieder loslassen. Bevor Sie eine weitere Wiederholung beginnen, warten Sie

30 Sekunden. Führen Sie in jedem Satz zwischen einer und zehn Wiederholungen aus, wobei Sie nicht mehr als vier Sätze pro Tag machen sollten.

Sie haben mehr Kontrolle über Ihre Orgasmen, als Ihnen bewusst ist! Nehmen Sie die orgasmische Kraft Ihres Körpers selbst in die Hand und lösen Sie die überwältigende Lust aus, wann immer Sie wollen. Machen Sie die Übungen in diesem Kapitel regelmäßig und schon bald werden Sie Ihren Orgasmus auf neue Höhen bringen!

KAPITEL 6:
Tantrische Selbstbefriedigung

Es braucht nicht immer zwei Personen für tantrischen Sex. Tatsächlich haben viele der meisterhaftesten tantrischen Sexpraktiker der Welt ihre Fähigkeiten durch tantrische Masturbation entwickelt. Täuschen Sie sich nicht, Solo-Sex bietet nicht nur einen Moment der sofortigen Befriedigung, sondern ist ein eigenes kraftvolles und heiliges Ritual. Auch ohne tantrischen Einfluss kann die Masturbation dem Einzelnen auf bewusstseinsverändernde Weise zugutekommen; sie kann Stress und Ängste abbauen, das Selbstwertgefühl steigern und indem sie Ihnen hilft, Ihre sexuellen Bedürfnisse zu entdecken, kann sie Ihr Sexualleben insgesamt verbessern.

Wenn Tantra in die Erfahrung mit einbezogen wird, wird Masturbation selbstbewusst und expansiv, bietet die Gelegenheit, sich selbst zu entdecken, und wirkt wie Balsam für die Seele. Indem diese körperliche Praxis mit dem Spirituellen verknüpft wird, hilft sie, negative Gefühle wie Scham oder Schuldgefühle loszulassen und stattdessen die Tür zur eigenen sexuellen Wahrheit zu öffnen. Selbstverständlich führt dieser Prozess auch zu unvorstellbarer Lust – die Art, die Sie wirklich frei macht.

Acht wichtige Dinge, die Sie bei der tantrischen Masturbation beachten sollten

1. **Schaffen Sie eine Umgebung, in der Sie sich wohlfühlen.** Entspannt zu sein, macht in diesem Moment der Selbsterkundung den entscheidenden Unterschied aus. Wenn ein bestimmter Duft Ihre Sinne beruhigt, zünden Sie etwas Räucherwerk oder eine Duftkerze an. Wenn Sie völlige, ungestörte Privatsphäre brauchen, warten Sie, bis Sie allein zu Hause sind oder bis spät in der Nacht, wenn der Rest Ihres Haushalts schläft. Überlegen Sie sich, auf welche Weise Sie so viele Sinne wie möglich ansprechen können und wie Sie sich selbst dabei helfen können, vom Rest der Welt abzuschalten, damit Sie sich ganz auf sich selbst konzentrieren können.

2. **Gehen Sie es langsam an und überstürzen Sie nichts.** Egal, ob es sich um Solo-Sex oder Sex mit einem Partner handelt, es besteht immer die Versuchung, so schnell wie möglich zum Höhepunkt zu kommen. Widerstehen Sie dem und gehen Sie absichtlich viel langsamer vor, als Sie es gewohnt sind. Wenn Sie sich streicheln oder reiben, achten Sie darauf, dass jede Bewegung, die Sie machen, langsam und lang anhaltend ist. Wenn Sie Ihr Tempo ein wenig drosseln, werden Sie feststellen, dass sich jedes Gefühl intensiver anfühlt. Die Lust hält länger an und Sie haben die Möglichkeit, jede körperliche Empfindung voll auszukosten.

3. **Erforschen Sie Ihren ganzen Körper, nicht nur Ihre Genitalien.** Sie wissen alles über die erogenen Zonen des Körpers und viele von ihnen sind perfekt für die Selbststimulation geeignet. Fühlen Sie sich jedoch nicht durch die Bereiche Ihres Kör-

pers, die wir in diesem Buch aufgelistet haben, eingeschränkt! Jeder Mensch ist anders und Sie werden vielleicht feststellen, dass Sie etwas ganz Bestimmtes genießen. Berühren Sie sich überall, besonders an Stellen, an denen Sie sich normalerweise nicht selbst berühren. Und wenn Sie erst einmal ein paar Dinge entdeckt haben, die Sie mögen, versuchen Sie, diese zu kombinieren und mit Druck oder Geschwindigkeit zu experimentieren.

4. **Lassen Sie jedes Urteil los und nehmen Sie sich selbst an.** Wenn Sie entdecken, dass Sie etwas Ungewöhnliches oder Unerwartetes mögen, schrecken Sie nicht davor zurück. Verfolgen Sie jede angenehme Empfindung und fühlen Sie sie in ihrer Gesamtheit, lösen Sie sich von allen wertenden Gedankenmustern, die Ihnen in diesem Moment nicht dienen. Wenn es in Ihrem Kopf von kritischen Stimmen wimmelt, erinnern Sie sich daran, dass Sie völlig allein sind und dass dies Ihr sicherer Raum ist. Wenn die Gedanken die Oberhand gewinnen, lenken Sie den Fokus auf Ihren Körper und auf das, was sich gut anfühlt. Sie können sich auch gerne Bilder ansehen oder sich etwas vorstellen, das Sie anmacht – das wird Sie ganz sicher ablenken!

5. **Vergessen Sie Ihren Orgasmus.** Hören Sie wenn möglich auf, jedes Streicheln oder auch andere Berührungen als Sprungbrett zum Höhepunkt zu betrachten. Auch wenn das technisch gesehen der Fall ist, ist es keine echte Reise mehr, sobald alle Augen auf das Ziel gerichtet sind. Wenn Sie anfangen, zu masturbieren, schieben Sie alle Gedanken darüber, was Sie möglicherweise zum Kommen bringen könnte, aus Ihrem Kopf. Leben Sie im gegenwärtigen Moment und ge-

nießen Sie einfach jede Empfindung so, wie sie kommt. Ironischerweise ist es umso leichter, zum Orgasmus zu kommen, je mehr Sie ihn vergessen!

6. **Machen Sie es an neuen Orten.** Allein die Tatsache, dass Sie in einem anderen Teil des Zimmers oder in einem völlig neuen Raum masturbieren, kann es viel angenehmer machen. Wenn Sie sich normalerweise im Bett berühren, versuchen Sie es nun auf der Couch oder in der Badewanne. Gönnen Sie sich eine Abwechslung von der Routine und Sie werden feststellen, dass Sie Ihren Körper ganz anders wahrnehmen – fast so, als würden Sie es zum ersten Mal tun! Bitte beachten Sie jedoch, dass es *nicht* ratsam ist, an einem öffentlichen Ort zu masturbieren. Halten Sie sich an private Räume, in denen die Wahrscheinlichkeit, dass Sie jemand sieht, möglichst gering ist.

7. **(Für Männer) Halten Sie so lange durch, wie Sie auch mit einem Partner hart bleiben möchten – mindestens.** Die Mehrheit der Männer hat innerhalb von zwei Minuten nach Beginn der Masturbation einen Orgasmus. Und wie es der Zufall so will, haben die meisten Männer auch das Problem der vorzeitigen Ejakulation. Wenn Sie glauben, dass da ein Zusammenhang besteht, liegen Sie richtig. Alles, was Sie beim Masturbieren tun, trainiert Sie für den Sex. Wenn Sie es gewohnt sind, schnell zu kommen, dann ist auch die Wahrscheinlichkeit viel größer, dass Sie zu früh kommen, wenn Sie mit einem Partner zusammen sind. Frauen hingegen brauchen normalerweise mindestens 20 Minuten, um zum Höhepunkt zu kommen. Es gibt einen Grund, warum so viele Frauen nie mit einem Partner zum Orgasmus kommen können; ihre Partner können nicht lange genug durchhalten. Wenn Sie versuchen, eine Frau

im Bett zu befriedigen, überlegen Sie, wie lange Sie hart bleiben müssen, damit sie zum Höhepunkt kommt. Erlauben Sie sich während Ihrer tantrischen Masturbation nicht, vor dieser Zeit zu kommen! Berühren Sie sich langsamer, um den Orgasmus hinauszuzögern. Trainieren Sie sich selbst, ein guter Sexualpartner zu sein.

8. **Sie können dies auch mit einem Partner tun!** Wer sagt, dass Sie allein sein müssen, während Sie sich berühren? Wenn Sie Lust dazu haben, laden Sie Ihren Partner zum Zuschauen ein. Viele Liebende genießen es, bei der Selbstbefriedigung Ihres Partners zugegen zu sein. Obwohl es sehr ratsam ist, dass Sie sich auch alleine darauf einlassen, sich selbst zu entdecken, werden Sie feststellen, dass das Einbeziehen Ihres Partners Ihnen noch mehr erotische Szenarien ermöglicht. Sie können dies als Lernmöglichkeit nutzen, um sich gegenseitig die Berührungen zu zeigen, die Sie mögen.

Tantrische Masturbation für Frauen

Wir haben festgestellt, dass die Masturbation, insbesondere die tantrische Masturbation, eine Reihe von Vorteilen für alle hat. Wussten Sie, dass sie auch spezifische Vorteile für Frauen hat? Wenn Frauen sich häufig selbst befriedigen, kann dies Spannungen und Verspannungen im Beckenbereich lösen, was wiederum Menstruationsschmerzen und -krämpfe lindert. Selbstbefriedigung kann sogar Erleichterung bei einer Harnwegsinfektion (HWI) verschaffen, denn sie hilft dem Gebärmutterhals, Bakterien abzutransportieren. Zudem verringert sie durch eine Verbesserung des Muskeltonus das Risiko, inkontinent zu werden.

Frauen tragen auch viel eher sexuelle Scham und Traumata in sich; der Akt der tantrischen Masturbation wird in diesem Fall zu einem heiligen Ritual der Selbstheilung und Selbstliebe. Indem sie tantrische Atemtechniken anwenden und sich der Selbstbefriedigung widmen, stellen viele Tantra-Schülerinnen fest, dass sie in der Lage sind, alte Wunden bezüglich ihrer Sexualität zu heilen. Wenn sie sich mit ihrem göttlichen Selbst verbinden, wird alle Scham losgelassen und sie werden von Selbstliebe erfüllt.

Für eine ermächtigende, lustvolle und erdende Masturbation befolgen Sie die folgenden Tipps.

Verwenden Sie ein Gleitmittel

Wahrscheinlich werden Sie zu Beginn Ihrer Sitzung nicht genug natürliche Feuchtigkeit produzieren, also greifen Sie zu einer anderen Form der Einölung. Zudem empfinden viele Frauen die Konsistenz von Gleitgel auf den Genitalien als viel angenehmer. Jedes handelsübliche Gleitmittel ist ausreichend. Wenn Sie nach einer natürlicheren Option suchen, sollten Sie einen großen Topf Bio-Kokosöl kaufen. Die Verwendung von Gleitmittel ist natürlich völlig optional, aber wir empfehlen es sehr; alle Empfindungen werden gesteigert, wenn reichhaltig eingeölt wird!

Massieren Sie die gesamte Vulva

Lassen Sie sich auf ein sinnlicheres Spiel ein und massieren Sie den gesamten Vulvabereich. Die Stimulation der Klitoris und der Vagina kann die intensivste Lust hervorrufen, aber wenn Sie die Aufmerksamkeit auf alle empfindlichen Bereiche lenken, kann dies das gesamte Erlebnis verbessern. Üben Sie angenehmen Druck auf die umgebende

Haut, Ihren Damm oder auf Ihr Schambein aus. Sobald Sie mit diesen Bereichen experimentiert haben, können Sie dies mit der Stimulation Ihrer stärkeren Lustzentren, also Ihrer Vagina und Klitoris, kombinieren. Stellen Sie sicher, dass Sie auch verschiedene Arten von Massage ausprobieren. Versuchen Sie kreisende Bewegungen, einen Auf-und-ab-Rhythmus oder etwas ganz anderes.

Die „Hinting"-Technik

Um eine Reihe von lustvollen Empfindungen auszulösen, sollten Sie die „Hinting"-Technik ausprobieren. Dabei werden die äußeren Schamlippen berührt und die Klitoris nur gelegentlich in einem hin- und hergehenden Rhythmus gestreift. Ändern Sie das Tempo, indem Sie erst schneller und dann viel langsamer werden, und lassen Sie Ihrer Lust freien Lauf. Wenn es sich noch besser anfühlt, versuchen Sie, das Tempo ein wenig zu drosseln. Auf diese Weise können Sie jeden einzelnen Moment der Erregung voll auskosten. Dieser unregelmäßige Aufbau der Lust ist bekannt dafür, sehr intensive Orgasmen auszulösen.

Wenn Sie Sexspielzeug haben, benutzen Sie es

Sexspielzeuge können eine breite Palette an lustvollen Empfindungen erzeugen. Zögern Sie nicht, sie in Ihre tantrische Masturbation einzubeziehen. Wichtig ist, dass Sie Ihre Lustzentren erforschen und neue Wege entdecken, um Ihrem Körper ein *gutes* Gefühl zu geben. Egal, ob es sich um einen Vibrator, einen Analplug oder etwas anderes handelt – zögern Sie nicht, diese in Ihre tantrische Masturbation mit einzubringen. Experimentieren Sie mit neuen Möglichkeiten, Ihr Sexspielzeug zu benutzen, und denken Sie daran, dass es nicht das Ziel ist, einen Orgasmus zu haben. Genießen Sie die Reise und tun Sie, was nötig ist, um sie absolut großartig zu machen.

Probieren Sie verschiedene Rhythmen und Bewegungen aus

Es gibt so viele verschiedene Möglichkeiten, die Klitoris zu stimulieren! Die meisten Frauen halten sich bei der Masturbation an ihre bewährten Techniken, aber warum probieren Sie nicht mal ein paar neue aus? Probieren Sie zum Beispiel die „kreisende" Methode und zeichnen Sie mit der Fingerspitze kleine Ringe entlang der Mitte Ihrer Klitoris. Oder versuchen Sie es damit, an Ihrer Klitoris auf und ab zu streichen, und experimentieren Sie mit dem Tempo. Viele Frauen reagieren auch positiv darauf, alle vier Finger zum Hin- und Herreiben zu verwenden. Strecken Sie einfach Ihre letzten vier Finger aus und gleiten Sie mit ihnen entlang Ihrer Klitoris hin und her, fast wie bei einer Mundharmonika. Werden Sie kreativ bei der Art und Weise, wie Sie sich selbst beglücken – vielleicht entdecken Sie damit einen weltbewegenden Orgasmus!

Tantrische Masturbation für Männer

Wie zu erwarten ist, erfordern unterschiedliche Körper unterschiedliche Techniken. Alle Männer und Menschen mit Penis können mit diesen luststeigernden Tipps die Vorteile der tantrischen Masturbation nutzen. Denken Sie daran, dass tantrische Masturbation nicht wie jede andere Art von Selbstbefriedigung ist – Selbstwahrnehmung und Achtsamkeit sind essenziell.

Massieren oder streicheln Sie die Hoden leicht

Nicht jeder Mann berührt seinen Hodensack während der Selbstbefriedigung, aber viele entdecken, dass sie es mögen, wenn sie es ausprobieren. Experimentieren Sie mit verschiedenen Möglichkeiten, diesen Bereich Ihres Körpers zu berühren, von leichten Liebkosungen bis hin zu einer sanften oder festeren Massage. Das schafft ein breiteres

Spektrum an Körperempfindungen und erlaubt Ihnen im Sinne des Tantra, Ihren ganzen Körper bewusster wahrzunehmen. Das Drehen oder Massieren der Hoden kann auch die körpereigene Sekretion von Testosteron und Sperma erhöhen – ein Effekt, der für die Gesundheit des Mannes sehr förderlich ist.

Manche Männer finden auch, dass ein leichtes Wegziehen der Hoden vom Körper den Orgasmus noch ein wenig länger hinauszögern kann. Versuchen Sie dies, wann immer Sie das Gefühl haben, dass Sie kurz vor dem Höhepunkt stehen. Bitte beachten Sie jedoch, dass dies nicht bei allen Männern funktioniert und manche es als unangenehm empfinden könnten.

Versuchen Sie, ohne pornografisches Material zu masturbieren

Um das klarzustellen: Es ist absolut nichts falsch an Pornos. Aber bei der tantrischen Masturbation ist es wichtig, dass Sie sich auf die physischen Empfindungen Ihres Körpers und die Art, wie Sie sich fühlen, konzentrieren. Wenn Sie einen externen Stimulus wie einen Porno vor sich haben, lenkt das die Aufmerksamkeit davon ab, wie gut Sie sich fühlen, und eher dahin, wie großartig das ist, was Sie sich gerade ansehen. Halten Sie Pornos aus Ihrer Umgebung fern, während Sie tantrisch masturbieren. Denken Sie daran, dass Sie nicht versuchen, sich selbst zur Ejakulation zu bringen, sondern dass es darum geht, das gesamte Spektrum der erotischen Lust zu erleben. Konzentrieren Sie sich auf jede körperliche Empfindung, die Sie spüren. Es geht um Sie, nicht um jemand anderen!

Ignorieren Sie das Perineum nicht

Der Hautstreifen, der von den Hoden bis zum Anus verläuft, wird Perineum genannt. Erinnern Sie sich an diese Stelle aus dem vorherigen

Kapitel? Berühren Sie diesen Bereich mit etwas Druck und Sie werden eine Welle der Lust spüren. Wenn sie nicht kommt, erforschen Sie diesen Bereich ein wenig mehr, bis Sie die richtige Stelle gefunden haben. Sobald Sie diese gefunden haben, üben Sie starken und rhythmischen Druck auf den Damm aus. Dies imitiert das Pulsieren der Prostata – eine Kontraktion, die normalerweise während des Orgasmus im Körper stattfindet.

Einige Männer berichten, dass sich dies besonders gut anfühlt, gleich nachdem der Penis zum ersten Mal erigiert ist. Wenn Sie versuchen, den Orgasmus hinauszuzögern, drücken Sie kurz vor der Ejakulation auf diesen Punkt, denn dies wird sie sofort stoppen. Obwohl die meisten Männer die Empfindungen in diesem Bereich genießen, finden einige, dass es weniger lustvoll ist, wenn sie noch nicht vollständig erregt sind. Nehmen Sie sich Zeit, experimentieren Sie, und Sie werden bald die richtigen Knöpfe entdecken, die Sie drücken müssen, um die Ekstase zu erreichen.

Stimulieren Sie den gesamten Penis

Die meisten Männer konzentrieren sich bei der Selbstbefriedigung auf die Spitze ihres Penis. Während die Eichel definitiv der empfindlichste Teil des Penis ist, erlaubt sie keine große Bandbreite an Gefühlen. Stellen Sie bei der tantrischen Masturbation sicher, dass Sie Ihren gesamten Penis von der Basis bis zur Spitze stimulieren, und natürlich auch alles dazwischen. Beim Tantra geht es nicht *nur* um eine Art von Lust – es geht um das Erleben von Lust in vielen verschiedenen Formen. Beschränken Sie sich nicht auf einen Bereich Ihrer Genitalien. Lassen Sie sich auf alles ein und erforschen Sie sich.

Halten Sie mindestens 15 Minuten durch

Versuchen Sie, zwischen 15 und 30 Minuten durchzuhalten, bevor Sie sich einen Orgasmus gönnen. Das stellt sicher, dass das Bedürfnis nach einem Höhepunkt nicht das gesamte Erlebnis diktiert. Und wenn der Orgasmus dann kommt, bringt er Ihnen doppelte Lust. Dieses Vorgehen wird Sie auch in einen hochsensiblen Zustand versetzen, in dem sich jedes Quäntchen Lust noch elektrisierender anfühlt, weil Sie so kurz vor dem Höhepunkt stehen. Männer, die üben, bei der Masturbation länger durchzuhalten, haben auch mehr Durchhaltevermögen beim Geschlechtsverkehr.

Auf dem Weg zur Selbstentdeckung bildet die Masturbation eine stark unterschätzte Praxis der Selbstliebe. Sie lindert Stress und seelischen Schmerz und erinnert uns an die Freude, die wir uns selbst bereiten können – mit unserer eigenen Berührung. Besonders die tantrische Masturbation ist eine Gelegenheit, aus der Routine auszubrechen und Lust auf eine neue Art zu erleben. Indem Sie sich auf diese neuen Techniken einlassen, erweitern Sie Ihren Geist und Ihre Seele sowie auch Ihre orgasmische Energie.

Wenn es eine Sache gibt, die Sie aus diesem Kapitel mitnehmen können, dann ist es diese: Ihre Lust und Ekstase sind ganze Welten, die darauf warten, entdeckt zu werden. Hören Sie nie auf, sie zu erforschen.

KAPITEL 7:
Ein tantrisches Leben führen

Die tantrische Philosophie wurzelt, neben vielen anderen Dingen, in der Erweckung von schlummernden Energien. Sie sieht alle Wesen und Erfahrungen als tief miteinander verbunden an – manchmal sogar als Spiegelbilder voneinander, die nur darauf warten, erkannt zu werden. Sie zwingt jedes Individuum dazu, den Körper (das Gefäß) als Werkzeug zur Erweiterung von Geist, Seele und Körper zu nutzen. Sie ermutigt zur Verbindung, vor allem zu der, die in Mitgefühl und dem Bewusstsein unserer gemeinsamen Wahrheit wurzelt. Wie Sie entdeckt haben, eignen sich diese Philosophien sehr gut für alles, was Sex und die menschliche Sexualität betrifft. Dies ist jedoch nur ein Bruchteil der gesamten Reichweite von Tantra. Diese Ideen und Perspektiven können auf alle Lebenserfahrungen angewendet werden. Und sie können dort Veränderungen bewirken, die ebenso positiv sind.

Fünf Alltagsszenarien und wie man sie tantrisch macht

Soziale Interaktionen

Wie Sie wahrscheinlich schon erkannt haben, stellt Tantra die menschliche und spirituelle Verbindung in den Vordergrund seiner Ziele. Wenn soziale Interaktionen von Tantra beeinflusst werden, liegt der Hauptfokus darauf, Barrieren abzubauen und der Seele einer anderen Person wirklich zu begegnen. Anstatt auf den Unterschieden zwischen einzelnen Personen zu beharren, bemüht sich Tantra darum, Ähnlichkeiten und geteilte Wahrheiten wahrzunehmen. Geben Sie Ihr Bestes darin, hinter die Mauern und Abwehrmechanismen zu schauen, mit denen Menschen sich umgeben, um wirklich zu hören, was sie Ihnen zu sagen versuchen. Handeln und sprechen Sie immer aus Mitgefühl heraus. Selbst wenn Sie sich in einer herausfordernden Situation befinden, überlegen Sie, wie Sie und die andere Person die Interaktion mit einem besseren Gefühl verlassen können als Sie es zuvor hatten.

Romantik und Dating

Natürlich gilt alles, was wir unter „Soziale Interaktionen" erwähnt haben, auch für „Romantik und Dating", aber es gibt noch eine Menge mehr zu beachten. Wenn wir jemanden auf eine romantische Art und Weise kennenlernen, neigen wir dazu, uns in das zu vertiefen, was beeindruckend ist. Dabei legen wir mehr Wert darauf, was wir beruflich machen (mit Andeutungen darüber, wie hoch unser Gehalt sein könnte), welche Art von Menschen wir in unserem sozialen Umfeld haben und auf andere oberflächliche Details, die darauf hinweisen, wie viele Menschen uns verehren oder fürchten. Es ist normal, die Menschen, an denen wir ein romantisches Interesse hegen, beeindrucken zu wollen, aber wir dürfen nicht zulassen, dass dieser Drang die meisten unserer Interaktionen kontrolliert.

Tantra erinnert Sie daran, sich darauf zu konzentrieren, Fragen zu stellen und Informationen preiszugeben, die Authentizität zeigen. Finden Sie die *wahre* Geschichte Ihres Gegenübers heraus, nicht nur die, die derjenige anderen erzählt. Konzentrieren Sie sich darauf, eine tiefe Verbindung zu schaffen. Versuchen Sie, Ihre Gemeinsamkeiten zu finden, und wenn Sie auf Unterschiede stoßen, gehen Sie tiefer. Lernen Sie mehr und versuchen Sie, diese Unterschiede zu überbrücken – oder noch besser, lernen Sie, sie zu mögen.

Natürlich kann auch Tantra nicht garantieren, dass sich jemand zu Ihnen hingezogen fühlen wird oder dass er mehr von Ihnen möchte, aber nichts kann das garantieren. Warum nicht trotzdem einen schönen Moment daraus machen? Und wenn Sie Ihrem Seelenverwandten oder perfekten Geliebten begegnen, wird eine tantrische Denkweise offenbaren, wer Sie wirklich sind und damit auch die Verbindung, für die Sie bestimmt sind. Wenn Sie dies erkennen, werden die Funken nur so fliegen.

Umgang mit Stress

Egal, wer Sie sind, ein gewisses Maß an Stress ist in Ihrem täglichen Leben unvermeidlich. Und es wäre unklug, zu behaupten, dass Tantra ein Heilmittel dagegen bietet – das tut es nicht. Es gibt jedoch viele Möglichkeiten, das mentale Chaos zu mildern. Der tantrische Ansatz für den Stressabbau fordert Sie auf, die Kraft Ihres Atems zu nutzen, um jede Zelle in Ihrem Körper zu beruhigen. Oftmals fühlen wir uns so überfordert, weil wir vergessen, einfach zu atmen und davon zu profitieren. Atmen Sie einfach ein, bis Ihre Lungen voll sind, und wieder aus, bis sie leer sind – oder probieren Sie eine der Atemübungen aus, die in einem der vorigen Kapitel aufgeführt sind. Die besten Ergebnisse erzielen Sie, wenn Sie Ihre tantrische Atmung mit einer Meditation kombinieren. Tantra ist vielleicht nicht in der Lage, allen Stress zu heilen, aber es kann die Widerstandsfähigkeit von Körper und Geist fördern, sodass sie auch Zeiten mit viel Stress gut überstehen.

Ein unerfüllter Job

Wenn sich Ihr Job unbefriedigend und wenig erfüllend anfühlt, gibt es einige Möglichkeiten, dieses Problem mithilfe der tantrischen Philosophie anzugehen. Die erste Möglichkeit ist, dass Sie versuchen, Ihre Einstellung zu Ihrem derzeitigen Job zu ändern. Fragen Sie sich, warum Sie unzufrieden sind. Liegt es daran, dass Sie Ihren Karriereverlauf oder Ihr Gehalt mit dem von jemand anderem vergleichen? Wenn dies der Fall ist, würde ein tantrischer Ansatz verlangen, dass Sie sich selbst gegenüber mehr Mitgefühl zeigen und aufhören, Ihren Verstand mit unnötigen Vergleichen zu quälen. Erkennen Sie, dass jeder einen anderen Weg hat und dass diese oberflächlichen Faktoren kein Maßstab für wahres Glück sind. Entdecken Sie den tieferen Sinn Ihrer Arbeit wieder. Wie bringt sie anderen Menschen Zufriedenheit oder Freude (egal, ob auf direkte oder indirekte Weise)? Wie fördert sie die Bindungen zwischen Menschen? Auf welche Weise schafft sie eine amüsante oder sogar faszinierende Erfahrung?

Natürlich fühlen Sie sich manchmal unerfüllt und unzufrieden, weil Sie sich einfach nicht mit dem tieferen Sinn Ihrer Arbeit verbinden können. Es mag jemandes Berufung sein, aber es ist nicht Ihre. Der zweite Ansatz besteht darin, in sich selbst hineinzuhorchen und über eine bereichernde Jobalternative nachzudenken. Versuchen Sie im Sinne des Tantra, schlummernde Energien in Ihrem Körper und Ihrer Seele wiederzuerwecken. Welche Tätigkeiten bewirken, dass Sie sich lebendig fühlen? Gibt es echte Interessen, die Sie bisher zu unterdrücken versucht haben, aus Angst, in irgendeiner Weise beurteilt zu werden? Wenn Ihnen nichts einfällt, suchen Sie nach neuen Erfahrungen, vor allem nach solchen, die ganz anders aussehen als das, was Sie normalerweise tun. Man kann nie wissen — manchmal sind die betreffenden schlummernden Energien einfach noch nie erwacht!

Depressionen bekämpfen

Die Depression ist ein hochkomplexer Zustand und nichts (nicht einmal Tantra) bietet dafür eine einfache Lösung. Dennoch wurde mithilfe von Tantra ein vielversprechendes Gegenmittel zur Behandlung der Symptome von Depressionen entdeckt: Freiheit. Diese bedeutet natürlich für jeden etwas anderes, aber im Wesentlichen stellt sich für den Einzelnen die Frage: „Was gibt mir das Gefühl, frei zu sein?". Obwohl kein Praktizierender des Tantra so arrogant ist, anzunehmen, dass er ein Heilmittel gegen Depressionen kennt, kann eine tantrische Herangehensweise an das tägliche Leben große Mengen an emotionaler oder psychologischer Belastung enorm erleichtern. Wenn Sie zu einem gewissen Grad an Depression leiden, dann denken Sie an Zeiten in Ihrem Leben, in denen Sie sich befreit fühlten. Das kann so etwas Großes sein wie eine Reise oder so etwas Kleines wie eine Autofahrt, während der Sie eine bestimmte Musik hörten. Tantra ermutigt Sie dazu, alles zu erforschen, wodurch Sie sich frei fühlen, egal wie groß oder klein es erscheinen mag.

Wie Sie durch Tantra sexuelles Trauma und Scham loslassen können

Negative Gefühle in Bezug auf Sex und die eigene Sexualität können aus einer Reihe von verschiedenen Dingen resultieren. Ob es Ihre Erziehung ist oder ein Trauma aus der Vergangenheit, eines ist sicher: Die Schuld liegt nie beim Betroffenen. Sie wissen, dass Sie sexuelle Scham in sich tragen, wenn es einen Teil von Ihnen gibt, der sich beim Empfinden von sexueller Lust schuldig, schmutzig oder peinlich fühlt. In extremen Fällen können Sie sich sogar so fühlen, nur weil Sie eine andere Person attraktiv finden und sexuelle Gedanken haben.

Wie wir im ersten Kapitel erwähnt haben, hilft Tantra Menschen dabei, ihre schwierigen Gefühle in Bezug auf sexuelle Scham und Trauma zu verarbeiten. Die Arbeit mit den Techniken in diesem Buch wird Ihnen bei diesen Emotionen sehr helfen, aber im Folgenden gebe ich Ihnen noch einige spezifische Tipps, die Ihren Schmerz lindern können:

1. **Üben Sie sich in tantrischer Selbstbefriedigung und begehen Sie jede Sitzung auf feierliche Weise.** Jedes Mal, wenn Sie sich die Zeit nehmen, sich selbst Lust zu bereiten, behandeln Sie dies wie einen siegreichen Anlass. Machen Sie es zu einem feierlichen Moment der immensen Selbstliebe und -pflege. Sie könnten zum Beispiel spezielle Kerzen in Ihren Lieblingsdüften kaufen oder sich danach mit Ihrem Lieblingsessen verwöhnen. Sie sollten sich immer dafür belohnen, dass Sie schwierige Emotionen und Gedankenmuster verarbeitet haben; feiern Sie auf die gleiche Art, wie Sie es bei einer beruflichen Leistung oder einem besonderen Jahrestag tun würden. Auf diese Weise konditionieren Sie Ihr Gehirn so, dass es Lust mit positi-

ven, befreienden Gefühlen assoziiert und sich von Angst oder Scham abwendet.

2. **Lassen Sie sich auf nicht-sexuelle tantrische Berührungen mit einem Partner ein.** Finden Sie eine Person, der Sie vertrauen, und gewöhnen Sie sich daran, sich gegenseitig auf nicht-sexuelle Weise zu berühren. Es ist wichtig, dass Sie sich mit Ihrem gewählten Partner vollkommen wohlfühlen. Wenn derjenige in irgendeiner Weise fordernd oder verurteilend agiert, kann diese Erfahrung nach hinten losgehen. Wenn Sie die richtige Person gefunden haben, sollten Sie sich behutsam an intimere Arten der Berührung herantasten. Sie könnten mit etwas Sanftem wie der „Hände auf den Herzen"-Übung beginnen und sich schließlich bis zur tantrischen Massage vorarbeiten. Fühlen Sie sich nicht dazu gedrängt, gleich in tantrischen Sex einzutauchen, denn auch diese Anfängerübungen können sehr hilfreich sein. Sobald Sie sich mit diesen intimen Übungen wohler fühlen, werden Sie viel eher bereit für tantrischen Sex sein.

3. **Arbeiten Sie daran, Ihr Herz-Chakra zu öffnen.** Die Wahrheit ist, dass sexuelle Scham viel mit einem Mangel an Mitgefühl sich selbst gegenüber zu tun hat. Und wenn Sie ein sexuelles Trauma mit sich herumtragen, müssen Sie den Prozess der Heilung beginnen, indem Sie sich radikale Selbstliebe zu eigen machen. Wie wir im ersten Kapitel besprochen haben, ist das Herz-Chakra das Energiezentrum, das für Mitgefühl und Liebe zuständig ist. Üben Sie die folgende Meditation, um dieses Chakra wieder zu öffnen, damit Sie sich endlich erlauben können, Ihren eigenen Körper zu lieben und zu genießen. Sie haben es sich verdient!

- Zu Beginn setzen Sie sich in eine bequeme, aufrechte Position. Sie können im Schneidersitz meditieren oder sich auch normal auf einen Stuhl setzen. Was auch immer Sie tun, stellen Sie sicher, dass Ihre Position nicht so bequem ist, dass Sie einschlafen.

- Konzentrieren Sie sich und spüren Sie die Energie in Ihrem Herz-Chakra, das sich unterhalb Ihres Brustbeins befindet, im Bereich des Zwerchfells.

- Visualisieren Sie dieses Chakra als eine warme kleine Höhle, leer bis auf ein kleines Licht im Inneren. Dieses Licht kann jeden hellen Farbton haben, den Sie möchten. Wenn Sie eine Lieblingsfarbe haben, können Sie sich dieses Licht gerne in einer hellen, blassen Version dieser Farbe vorstellen.

- Atmen Sie sanft ein und aus. Stellen Sie sich vor, dass dieser Atem anstelle Ihrer Lunge in die helle Höhle Ihres Herz-Chakras ein- und ausströmt. Je mehr Atemzüge Sie nehmen, desto mehr Licht strömt durch Ihren Körper und in Ihr Herz-Chakra ein.

- Genießen Sie, wie wohltuend es sich anfühlt, wenn Luft in den Körper hinein- und wieder herausströmt. Der Körper wird durch diese Luft und dieses Licht auf tiefgreifende Weise genährt. Spüren Sie, wie beides wie eine weiche Wolke durch Ihren Körper strömt.

- Wenn Sie bereit sind und Ihr Geist völlig klar ist, fragen Sie Ihr Herz im Stillen, ob es Ihnen etwas sagen möchte. Erlauben Sie ihm, loszulassen, wenn es das möchte. Erzwin gen Sie nichts und fühlen Sie sich nicht entmutigt, wenn Ihnen keine Worte in den Sinn kommen. Vielleicht muss Ihr Herz eine wortlose Botschaft loslassen. Das ist auch in Ordnung. Es darf sich in Gefühlen ausdrücken. Lassen Sie diese Aussagen durch Ihren Körper aufsteigen und stellen Sie sich vor, dass Sie sie wie Rauch ausatmen. Wenn diese Botschaften Ihren Körper verlassen, werden sie frei und kehren in die Luft zurück, wo sie gereinigt werden.

- Sie denken vielleicht, dass Ihr Herz nun damit fertig ist, sich auszudrücken, aber es ist nicht ungewöhnlich, dass an diesem Punkt Erinnerungen, Träume oder andere Emotionen auftauchen. Einige davon sind vielleicht schon lange Zeit gespeichert. Fahren Sie damit fort, diese loszulassen.

- Sobald sich Ihr Geist und Ihr Körper wieder klar anfühlen, bringen Sie den Fokus zurück zu Ihrem Herz-Chakra. Das Licht in der Höhle ist jetzt ein wenig heller.

- Sagen Sie das Folgende laut oder leise zu sich selbst: „Mein Herz ist weit geöffnet, um die Liebe der Welt zu empfangen."

- Spüren Sie mit jedem Wort, das Sie sprechen, wie das Licht in Ihrem Herzen wie eine Flamme angefacht wird. Lassen Sie es heller und heller werden, bis es Ihren ganzen Körper ausfüllt.

- Am Ende dieser Meditation benutzen Sie Ihre Arme, um damit große Mengen an Licht zu schöpfen. Sie wissen in Ihrem Herzen, dass dies die Liebe der Welt ist. Heben Sie es auf wie einen großen Ball liebevoller Energie und bringen Sie Ihre Hände zu Ihrem Herzen bzw. Herz-Chakra.

- Tun Sie dies so oft, wie Sie es für nötig halten. Stellen Sie sich Ihren Körper und den Raum um Sie herum in einem sanften rosa Licht vor.

4. **Erlauben Sie sich, der Lust Ihres Körpers nachzugehen.** Das muss nicht unbedingt durch Selbstbefriedigung geschehen oder sexuell sein. Gestatten Sie sich, sich einfach auf angenehme Empfindungen zu konzentrieren statt auf Körperteile. Lassen Sie Ihren rationalen Verstand und die kreisenden Gedanken hinter sich und folgen Sie stattdessen einfach jedem Gefühl, das sich *gut* anfühlt. Denken Sie nicht in Begriffen wie „seltsam" oder „normal"; erforschen Sie einfach, was sich für Ihren Körper am besten anfühlt. Vielleicht streicheln Sie die Innenseiten Ihrer Oberschenkel, reiben Ihre eigenen Ohrläppchen oder spielen mit Ihren Brustwarzen. Probieren Sie alles aus und schauen Sie, wie es sich anfühlt.

Tantra für den Umgang mit Eifersucht

Niemand von uns ist gegen alle Formen der Eifersucht immun. Sie geht immer Hand in Hand mit etwas, das wir schätzen, und der Angst, es auf irgendeine Weise zu verlieren. Vielleicht werden wir eifersüchtig auf etwas, das mit unserem Liebesleben oder vielleicht sogar mit unserer Karriere zu tun hat. In jedem Fall gibt es ein paar Möglichkeiten, wie man diesen Gefühlen mit tantrischer Achtsamkeit begegnen kann.

Schlüsseln Sie Ihre Gefühle auf

Mit anderen Worten: Analysieren Sie Ihre Eifersucht, um zu sehen, woraus sie wirklich besteht. Eifersucht ist ein hochkomplexes Gefühl und hat seine Wurzeln stets in etwas viel Tieferem. Sie werden nicht nur eine Sache oder eine Unsicherheit finden, wenn Sie dieses Gefühl aufschlüsseln; Sie werden eine Vielzahl verschiedener Gedanken, Ängste und Befürchtungen aufstöbern. Vielleicht finden Sie Gefühle der Enttäuschung oder des Verrats durch etwas, das Ihnen in der Vergangenheit widerfahren ist. Oder Sie bemerken eine tiefe Verletzung und Verwundung durch etwas, das zu Ihnen gesagt wurde. Vielleicht ist es auch Wut auf jemanden, der irgendwie in diese Situation verwickelt ist. Sobald Sie die Wurzel Ihrer Eifersucht gefunden haben, wird es viel einfacher, sie als das zu sehen, was sie ist. Jedes Mal, wenn Sie einen Anflug von Eifersucht verspüren, sollten Sie sich daran erinnern, was wirklich dahintersteckt.

Beachten Sie die Gemeinsamkeiten

Wenn wir uns in Eifersucht verzetteln, neigen wir dazu, uns auf das zu fixieren, was uns von der Person unterscheidet, mit der wir uns vergleichen. Versuchen Sie stattdessen, das zu bemerken, was Sie gemeinsam haben. Konzentrieren Sie sich auf Ihre gemeinsamen Stärken. Tantra lehrt uns alle, unsere Verbundenheit und unser gemeinsames Menschsein zu feiern – diese Praxis ist ein wirksames Gegenmittel gegen das bittere Gefühl der Eifersucht. Erkennen Sie die wunderbaren Eigenschaften in der Person, auf die Sie eifersüchtig sind, erkennen Sie sie in sich selbst und feiern Sie die Tatsache, dass Sie diese positiven Qualitäten miteinander teilen. Auf diese Weise hören Sie auf, aus einer Einstellung des Mangels heraus zu denken, und gehen zu einer Einstellung des Überflusses über. Das macht Sie nicht nur glücklicher, sondern verändert auch Ihre Ausstrahlung zum Positiven – und macht es viel wahrscheinlicher, dass Sie ähnlich positive Ergebnisse anziehen.

Lernen Sie, Ungewissheit zu akzeptieren

Manche Eifersuchtsgefühle entstehen aus der Angst, die Kontrolle zu verlieren. Eine Unwägbarkeit tritt auf den Plan und wir beginnen uns zu sorgen, dass uns die Kontrolle über eine bestimmte Situation entgleitet. Vor allem befürchten wir, dass wir kurz davor stehen, etwas zu verlieren, das uns sehr wichtig ist.

Obwohl es definitiv keine leichte Aufgabe ist, kann es eine gewisse emotionale Erleichterung bringen, wenn wir lernen, zu akzeptieren, dass alles im Leben ungewiss ist. Tatsache ist, dass sich die Situation, über die Sie sich Sorgen machen, aus Gründen ändern könnte, die nichts mit dem zu tun haben, worüber Sie eifersüchtig sind. Die Möglichkeiten sind endlos und wenn Sie sich mit dieser Tatsache abfinden, wird Sie dies befreien. Und genauso wie sich das Blatt gegen Sie wenden könnte, könnte es sich auch zu *Ihren Gunsten* wenden. Das Gefühl der Kontrolle, das Sie *vor* diesen Eifersuchtsgefühlen zu haben glaubten, war nichts als eine Illusion. In Wirklichkeit hat sich nichts geändert. Lernen Sie, mit dem Strom des Lebens zu schwimmen – was Ihnen zusteht, wird immer bleiben. Vertrauen Sie darauf, dass das Universum sich verschworen hat, um Sie glücklich zu machen.

Sprechen Sie über Ihre Gefühle

Manchmal ist bei diesen schwierigen Gefühlen nur eine einfache Sache notwendig: loszulassen. Versuchen Sie mithilfe dessen, was Sie im Abschnitt „Schlüsseln Sie Ihre Gefühle auf" über sich selbst gelernt haben, mit jemandem über diese zugrunde liegenden Unsicherheiten zu sprechen. Wenn Sie sich danach fühlen, könnten Sie sogar direkt mit demjenigen darüber reden, der davon betroffen ist. Wenn Sie auf einen Freund eifersüchtig sind, könnten Sie offen mit diesem Freund darüber sprechen. Das mag wie ein drastischer Ansatz erscheinen, aber es baut Barrieren ab, löst schwierige Gefühle und schafft eine Möglichkeit zur Verbindung. Sprechen Sie mit dieser Person auf eine offene, aber mitfühlende und achtsame Art und Weise – und Sie werden bald feststellen, dass Sie statt der Eifersucht nur noch Ihre vielen Gemeinsamkeiten bemerken. Und wie gut es sich anfühlen kann, sich für eine gemeinsame Verbindung statt für einen Konkurrenzkampf zu entscheiden.

Tantrische Praktiken für erfüllende Beziehungen

Ein Grund, warum die tantrische Philosophie unser Sexleben verbessert, ist, dass sie in zutiefst liebevollen Gewohnheiten und Denkweisen verwurzelt ist. Diese Kernlektionen können wir auch in unseren alltäglichen Beziehungen anwenden.

- **Wandeln Sie schwierige Energien in schwierigen Situationen um**

Tantra ermutigt Sie, bereits vorhandene Energien in etwas ganz anderes zu verwandeln. Oder alternativ, die Schwingung einer Situation von einer niedrigeren auf eine viel höhere Ebene zu bringen. Laienhaft ausgedrückt bedeutet das, eine Herausforderung in etwas Vorteilhaftes zu verwandeln. Wenn Sie einen Streit mit einem Bekannten haben, würde ein Akt der Verwandlung bedeuten, dass Sie diese Gelegenheit nutzen, um mehr über diese Person zu erfahren, dass Sie ihr gegenüber ehrlich sind und vielleicht sogar Ihre gemeinsame Bindung stärken. Sie treffen damit die Entscheidung, die Tiefen zu erforschen, anstatt sich umzudrehen und wegzulaufen.

Dieser Akt steht im direkten Einklang mit dem Herzen des Tantra, weil er Sie auffordert, sich mit etwas zu beschäftigen, das tiefer liegt als Ihre oberflächlichen Unsicherheiten oder Ängste. Sie werden dadurch gebeten, sich auf die Lektion zu konzentrieren – eine Veränderung, die bedeutendes spirituelles Wachstum bringen kann. Genau wie alle anderen tantrischen Praktiken erfordert die Verwandlung, dass Sie Intimität und Mitgefühl über alle wahrgenommenen Hindernisse stellen.

- **Schaffen Sie stets Zeit, um sich miteinander zu verbinden**

Wenn wir uns für Tantra und insbesondere für tantrischen Sex entscheiden, ehren wir uns selbst und unsere Partner, indem wir an dieser spirituellen Veränderung arbeiten. Mit der gleichen Herangehensweise sollten wir diese Veränderungen auch in unseren nicht-sexuellen Interaktionen vornehmen. Dies erreichen wir, wenn wir uns die Zeit nehmen, uns zu verbinden – und zwar nicht nur auf sexuelle Weise. Wie sieht das in der realen Welt aus? Es bedeutet, sich mit dem Partner zusammenzusetzen, die Telefone beiseitezulegen und sich wirklich aufeinander einzulassen, selbst bei einem vollen Terminkalender. Es bedeutet, immer die Zeit zu finden, sich zu verbinden und etwas miteinander zu teilen, das Ihnen beiden Spaß macht, selbst in angespannten Zeiten mit viel Streit. Wann immer Sie das Gefühl haben, dass Ihre Verbindung aus irgendeinem Grund nachlässt, nehmen Sie sich etwas Zeit, um Ihre Bindung zu pflegen. Bleiben Sie auf jeden Fall offen und aufmerksam in Ihrer Beziehung.

- **Erkennen Sie, dass Ihr Liebhaber ein Spiegel ist**

Menschen projizieren viel mehr auf diejenigen, die ihnen am nächsten stehen, als ihnen bewusst ist. Dies gilt insbesondere für unsere Liebhaber und Partner. Wir denken, dass unsere Partner all das sind, was wir in ihnen sehen, aber die meiste Zeit projizieren wir einfach unsere eigenen Erwartungen, Werte und Ängste auf sie. Wir können eine Menge über uns selbst lernen, wenn wir uns darüber bewusst werden, was wir auf unsere Liebhaber projizieren. Sie zeigen uns, was wir schön finden, und sie spiegeln auch unsere Wunden wider. Bevor Sie sich in Streitereien stürzen oder voreilige Schlüsse über Ihren Partner ziehen, versuchen Sie, die Schichten zu entfernen, die Sie vielleicht selbst aufgelegt haben. Lassen Sie Ihr Ego los, damit Sie endlich die Wahrheit entdecken können. Was sagt Ihnen Ihre Wahrnehmung über Sie selbst?

- **Wechseln Sie sich bei wichtigen Gesprächen ab**

Tantra ist der festen Überzeugung, dass es einen stetigen Wechsel der „Gebender"- und „Empfangender"-Rollen geben sollte. Bei wichtigen Gesprächen bedeutet dies, dass beide Partner abwechselnd sprechen und einander zuhören, anstatt zu versuchen, beides gleichzeitig zu tun. Die Überlegung dahinter ist einfach: Wenn wir uns nur einer Aufgabe widmen, tun wir dies wahrscheinlich mit größerer Konzentration und Aufmerksamkeit. Der Zuhörer kann alles, was der Sprecher sagt, vollständig aufnehmen, es sich einprägen und mitfühlen, und der Sprecher kann sich ohne Unterbrechung äußern. Wenn Sie dies mit Ihrem Partner tun, achten Sie darauf, dass Sie sich an Ihre Rolle halten, wenn Sie mit dem Sprechen an der Reihe sind. Und wenn Sie der Zuhörer sind, behalten Sie einen neutralen Gesichtsausdruck bei, es sei denn, es handelt sich um einen Ausdruck des Mitgefühls – sichtbare Wut oder Verurteilung kann Ihren Partner auf dieselbe Weise beeinflussen wie eine verbale Unterbrechung.

- **Geben Sie die Kontrolle ab und fühlen Sie sich frei**

Tantra mag seine eigenen Techniken mit sich bringen, aber diese werden nur in dem Maß Erfolg haben, in dem Sie wirklich Ihren Geist befreien. Denken Sie zurück an die letzten Kapitel. Meditation, achtsamer Sex, Energie-Orgasmen – sie alle fordern den Einzelnen auf, seinen Geist zu leeren und sich von den selbst auferlegten Zwängen des Alltags zu befreien. In vielerlei Hinsicht macht dies das Herz des Tantra aus.

Wenn wir jemanden lieben, versuchen wir, ihn zu kontrollieren, um sicherzustellen, dass er immer in unserem Leben bleibt. Das ist eine natürliche Reaktion, die überall zu finden ist. Es kommt jedoch ein Punkt, an dem dies einschränkend wird. Liebe ist kein Besitztum und daran müssen wir uns erinnern. Wir müssen lernen, wie wir unsere Gedanken beruhigen können, während sich unsere Partner frei bewegen dürfen. Das bedeutet nicht unbedingt eine offene Beziehung und erst recht nicht, dass Ihnen der andere nicht mehr wichtig ist; es bedeutet einfach, dass Sie Ihren Geliebten sein Leben leben lassen. Geben Sie die Kontrolle ab und finden Sie Befreiung in Ihrem Geliebten. Verstehen Sie, dass kein Weg gerade ist und alles Teil der Reise ist. Lassen Sie den Dingen ihren natürlichen Lauf. Vertrauen Sie einfach.

Wie Sie sehen, bietet die Welt um Sie herum viele Möglichkeiten, Ihr tantrisches Bewusstsein und Ihr Mitgefühl einzusetzen. Dies bedeutet einfach, dass Mitgefühl wichtiger ist als die kleinen Siege des Egos. Es bedeutet, unsere gemeinsamen Wahrheiten über die imaginären Unterschiede zwischen uns zu stellen.

Als Menschen müssen wir die Vorstellung zurückzuweisen, dass das Denken mit einem höheren Verstand und einem größeren Herzen schwierig ist – das ist es nicht. Tatsächlich wollen unser Körper, unsere Seele und unser Geist dies ganz von allein tun. Wir alle sehnen uns nach der Heilung, die aus Mitgefühl und der Verbindung miteinander erwächst. Und wir zeigen dieses Verlangen auf viele verschiedene Arten, einige davon sind selbstzerstörerisch, weil unsere Seele zu rebellieren beginnt.

Also, gehen Sie hinaus und lassen Sie Tantra jeden Winkel Ihres Lebens erfüllen. Denken Sie daran, dass Mitgefühl und Bewusstsein für die Seele leicht ist; es ist der Körper, der sich ihrem Willen beugen muss. Wie ein weiser Mann einmal sagte: „Du bist nicht ein Körper mit einer Seele – du bist eine Seele mit einem Körper."

FAZIT

Nun, da Sie es bis zum Ende geschafft haben, ist Ihnen klar, dass dies nicht nur ein Buch über Sex ist; es ist ein ermächtigendes Buch über die lebensverändernden Lektionen des Tantra und darüber, wie seine Segnungen mit Ihrer Sexualität erst beginnen. Ich hoffe aufrichtig, dass Sie die Mittel, Techniken und sogar Erkenntnisse entwickelt haben, um Ihre sexuelle Lust auf die nächste Stufe zu heben. Und mehr noch hoffe ich, dass Sie erkennen, wie sich dies auf andere Bereiche Ihres Lebens auswirkt – auf Ihre romantischen wie auch nicht-romantischen Beziehungen und auf Ihre alltäglichen Interaktionen.

Wenn Sie ein absoluter Tantra-Anfänger sind, sollten Sie unbedingt zu den ersten Kapiteln dieses Buches zurückkehren. Konzentrieren Sie sich darauf, ein starkes Grundverständnis von Tantra aufzubauen, und Sie werden es viel einfacher finden, anschließend die fortgeschrittenen Techniken zu erlernen. Im ersten Kapitel haben Sie alles über die Kernphilosophie des Tantra und die verschiedenen Energien, mit denen Tantra arbeiten kann, gelernt. Wenn Sie daran interessiert sind, Ihr Leben auf mehr Arten zu bereichern, sollten Sie sich mit den Einzelpraktiken des Tantra beschäftigen und daran arbeiten, Ihr kraftvolles Herz-Chakra zu öffnen. Sie werden sich daran erinnern, dass im ersten Kapitel die Vielzahl von Vorteilen aufgelistet wurde, die Tantra Ihrem

Leben bringen kann; wahrscheinlich beobachten Sie bereits, wie einige dieser Vorteile in Ihrem eigenen Leben wirken! Üben Sie weiter und Sie werden diese positiven Ergebnisse nur noch verstärken.

Die Kapitel zwei und drei sind entscheidend für die Kultivierung grundlegender tantrischer Gewohnheiten. Wir werden stark von unserer Umgebung beeinflusst. Wenn Sie sich also die Zeit nehmen, Ihren heiligen Raum und die entsprechende Atmosphäre zu schaffen, wird es Ihnen leichter fallen, in einen tantrischen Geisteszustand zu gelangen. Bewahren Sie diese Atemtechniken in Ihrem Repertoire an tantrischem Handwerkszeug auf – sie werden Ihnen gute Dienste leisten, nicht nur bei Ihren tantrischen Praktiken, sondern zu allen Zeiten, in denen Sie Ihren Geist und Körper entspannen müssen. Erinnern Sie sich daran, dass Berührung mächtig ist und dass Sie Ihre Energie über Ihre Hände leicht mit der einer anderen Person verbinden können. Sie müssen sich nicht auf Sex einlassen, um sich durch Berührung tiefgreifend mit jemandem zu verbinden, und in manchen Fällen kann das genauso transformativ sein.

Legen Sie einen neuen Maßstab für alle Ihre sexuellen Erfahrungen fest. Sie müssen sich nicht mit ausreichend befriedigendem oder leidlich erfüllendem Sex zufriedengeben; göttlicher Sex ist möglich, wenn Sie die speziellen Techniken aus diesem Buch anwenden. Wann immer Sie tantrischen Sex mit Ihrem Liebhaber haben, versuchen Sie, mindestens eine der tantrischen Stellungen einzubauen, die im vierten Kapitel aufgeführt sind. Die Yab-Yum-Stellung ist die bekannteste von allen und diese intime Herz-zu-Herz-Haltung erweist sich auch in nicht-sexuellen Situationen als kraftvoll.

Es gibt eine Vielzahl von wenig bekannten Möglichkeiten, den eigenen Orgasmus zu steigern. Nach der Lektüre des fünften Kapitels haben

Sie nun alle Mittel, die Sie brauchen, um Ihre zukünftigen Orgasmen zu steigern. Wenn es etwas gibt, das Sie aus diesem Kapitel mitnehmen sollten, dann ist es die Tatsache, dass Selbstfindung und die Fähigkeit, loszulassen, entscheidend dafür sind, ein außergewöhnliches Maß an Lust zu erleben. Wenn Sie diese beiden Kernfähigkeiten beherrschen, werden Sie vielleicht den schwer fassbaren Energie-Orgasmus erreichen. Und lassen Sie uns nicht den speziellen Punkt vergessen, der bei Männern multiple Orgasmen auslöst. Wenn Sie oder Ihr Liebhaber ein Mann sind, machen Sie die entsprechende Übung in Ihrem eigenen Tempo. Vielleicht sind Sie anfangs nervös – das ist normal! – aber mit Geduld werden Sie das ultimative Ziel erreichen.

Wenn Sie sich von dem überwältigenden Wunsch, einen Orgasmus zu haben, mitreißen lassen, stellen Sie sicher, dass dies nicht die Erfahrung oder die Lust Ihres Partners beeinträchtigt. Denken Sie daran, dass wir während des Orgasmus in einen reinen und grenzenlosen Zustand eintreten. Verlieren Sie ihn nicht aus den Augen und fokussieren Sie sich nicht auf den leicht zu erreichenden körperlichen Aspekt.

Masturbation sollte niemals von Gesprächen über tantrischen oder heiligen Sex ausgeschlossen werden. Solo-Sex ist für jedes Individuum lebenswichtig und verbessert sogar Ihre Leistung, wenn es zum Geschlechtsverkehr kommt. Vor allem kann Solo-Sex Ihnen zeigen, was Sie im Bett mögen und Ihnen helfen, länger durchzuhalten. Wie zu erwarten, benötigen Männer und Frauen sehr unterschiedliche Techniken, wenn es darum geht, ihre Lustzentren zu stimulieren. Finden Sie heraus, was für Sie am besten funktioniert und helfen Sie Ihrem Partner dabei, seine eigene Technik zu verfeinern.

Wie wir bereits besprochen haben, ist Tantra in einer Philosophie verwurzelt, die auf fast alles angewendet werden kann. Hören Sie nicht beim tantrischen Sex auf! Erweitern Sie Ihren Horizont und bringen Sie die Segnungen des Tantra auch in andere Bereiche Ihres Lebens. Es mag Ihnen nicht bewusst sein, aber Sie können einfache, alltägliche Szenarien mit der Kraft des Tantra transformieren. In unserem letzten Kapitel konnten Sie sehen, wie sich diese lebensverändernden Lehren auch außerhalb des Schlafzimmers manifestieren können. Sie können die Art und Weise verändern, wie Sie die täglichen Herausforderungen angehen oder sogar, wie Sie Ihre Beziehung pflegen. Sie werden feststellen, dass Tantra auf fast alles anwendbar ist, da es in einer Herangehensweise, die nach Selbsterkenntnis, gegenseitiger Freude und einer gepflegten Verbindung zu allen anderen menschlichen Wesen ruft, wurzelt. Bewältigen Sie Konflikte mit dieser Perspektive im Hinterkopf und Sie werden sehen, dass sich alles andere von selbst ergeben wird.

Ich hoffe wirklich, dass Ihre Reise zum Herzen des Tantra hier nicht endet. Es gibt viel zu lernen – nicht nur über Sex, sondern auch über die Liebe, das Universum und natürlich über sich selbst. Sollte sie jedoch hier enden, dann feiern Sie die elektrisierendsten sexuellen Erfahrungen, die Sie jemals in Ihrem Leben machen werden. Bei tantrischem Sex ist es die Seele, die wirklich zum Orgasmus kommt.